dtv

Peter Härtling begibt sich auf die Spuren des jungen Mozart. Als der Leser ihm begegnet, ist Mozart gerade sechs Jahre alt. Unter der Führung seines Vaters und begleitet von seiner älteren Schwester, bereist er von Salzburg aus Europa. Während der Vater emsig immer neue Engagements eingeht, flieht Mozart in seine eigene Welt – die der Phantasie und der Töne. Und er begegnet immer neuen Menschen, die ihn bestaunen und feiern, ihm aber seine Einsamkeit nicht nehmen können. Das gelingt nur dem Nannerl, seiner Schwester – und Quintus, einer Ausgeburt seiner Phantasie, die für jeden Schabernack zu haben ist. Wie es sich anfühlt, anders und besonders zu sein, das fasst Härtling in ergreifende Worte. Und ganz beiläufig führt er zwei Geschichten zusammen: die des getriebenen Wolfgang Mozart, der in Olmütz erkrankt, und die des Flüchtlingskindes Peter, der in Olmütz eine vorläufige Heimat findet.

Peter Härtling, geboren am 13. November 1933 in Chemnitz, besuchte bis 1952 das Gymnasium in Nürtingen. Redakteur bei der ›Deutschen Zeitung‹, dann bis 1970 Mitherausgeber der Zeitschrift ›Der Monat‹, später Cheflektor und Geschäftsführer des S. Fischer Verlages. Seit 1974 ist Peter Härtling freier Schriftsteller. Für sein Werk erhielt er zahlreiche Auszeichnungen: u. a. 2003 den Deutschen Bücherpreis und 2007 den Corine Ehrenpreis.

Peter Härtling

Das ausgestellte Kind

Mit Familie Mozart unterwegs

Deutscher Taschenbuch Verlag

Ausführliche Informationen über unsere Autoren und Bücher finden Sie auf unserer Website www.dtv.de

2. Auflage 2014
2008 Deutscher Taschenbuch Verlag GmbH Co. KG, München

Umschlagkonzept: Balk & Brumshagen
Umschlagbild: Rudolf Linn
Druck und Bindung: Druckerei C.H.Beck, Nördlingen
Gedruckt auf säurefreiem, chlorfrei gebleichtem Papier
Printed in Germany · ISBN 978-3-423-13717-1

»... das Mägdlein ist mit 11 Jahren, und der Knab mit 7 Jahren solche Virtuosen auf dem Clavier, das sich die Welt darob erstaunen mus: ist auch unsäglich, was ihm dieser Leopold Mozart mit seinem Sohn Wolfgang Mozart und seinem Töchterlein, welche noch künstlicher das Clavier schlägt, als ihr Brüderl, in der Welt vor Geld gewinnet.«

24.4.1766, Diarium Patris Bedae Hübner, Erzabtei St. Peter, Salzburg

1

Der Woferl, wie er in der Familie gerufen wird, ist mit seinen Eltern und mit seiner Schwester Nannerl auf dem Weg nach Wien. Er ist gerade sechs Jahre und acht Monate alt und kann schon seinen Namen schreiben. Fünf schwierige Wörter nacheinander: Johann Chrisostomos Wolfgang Theophilus Mozart. Meistens schreibt er nur Wolfgang Mozart. Er kann Klavier spielen, etwas Geige und Orgel, allerdings ohne Pedale, er kann schon ein wenig komponieren und versteht von der Musik so viel, sagt sein Vater, wie ein gewöhnlicher Salzburger Hofmusikus. Und er kann fluchen, träumen und furzen.
Manchmal schilt ihn die Mutter deswegen: Du benimmst dich daneben, Woferl. Dann tritt er einen Schritt neben sich und lässt einen fahren. Womit er das Nannerl zum Lachen bringt.
Der Vater hat vor, ihn in Wien der großen Kaiserin Maria Theresia vorzustellen. Weil du für die ganze Welt ein Wunder bist, Bub.
Er selbst findet es anstrengend, ein Wunder zu sein.

Wieso soll es ein Wunder sein, dass er gern Klavier spielt und Musik hört. Obwohl er einen wie sich noch nicht kennengelernt hat.
Also fahren sie nach Wien, Mutter und Schwester sind dabei, denn sie möchten am Kaiserhof keineswegs fehlen. Weil die Familie Hilfe braucht, wird sie von Joseph Etlinger, dem Diener, begleitet, den nur Vater und Mutter Pepi nennen dürfen. Weil der, wie er behauptet, Wert auf sich legt. Wolfgang findet ihn manchmal stur und deshalb anstrengend. Sie sind mit der Post bis Passau gefahren, wo drei Flüsse zusammenfließen, und weil es in der Stadt viele Kirchen und Klöster gibt, ist auch ein Bischof da. Von Passau reisen sie mit dem Donauschiff bis Linz, wo es ihm schlecht wird. Nicht, weil das Schiff schaukelt, sondern weil er sich auf Deck vor Vergnügen um die eigene Achse gedreht hat, immer wieder, bis das Nannerl ihn auffängt. Am Schluss muss er in eine Ecke kotzen. Der Pepi erklärt, er müsse sich für ihn schämen. Das Nannerl erregt sich derart über diesen Satz, dass sie dem Pepi sagt: Dann müssen Sie es aber so tun, dass es alle merken. Das findet Wolfgang gut.
In Linz bezogen sie Zimmer im »Gasthof zur Dreifaltigkeit«. Der Vater kannte den Wirt, Herrn Kiener, aber der war inzwischen gestorben, und dessen Töchtern, die die Familie empfingen, erklärte er, wahrscheinlich zum Trost, dass er sie schon gekannt habe, als sie noch sehr klein waren. Die beiden Da-

men waren mittlerweile gewachsen und furchterregend dick geworden.
Hier in Linz trat zum ersten Mal Quintus auf, der ihn danach auf allen seinen Reisen begleiten sollte. Wolfgang saß am Fenster, blätterte in einem Bündel Noten, das ihm der Vater zum Studium gegeben hatte. Er hätte die Stücke am Klavier unten im Saal ausprobieren können. Dazu hatte er keine Lust. Das Nannerl war mit der Mutter in die Stadt gegangen. Er war allein.
Er sang die Noten nach.
Er stellte sich vor, wie das Klavier klingen könnte.
Er stellte sich außerdem vor, was er komponieren könnte.
Nicht immer wieder diese Quinten. Mach es dir doch nicht so einfach! Er hörte den Vater aus dem Nachbarzimmer rufen, als hätte der in seinen Gedanken gelesen. Es gibt auch Quarten auf der Welt, Sexten, Oktaven.
Jaja.
Er schneidet eine Grimasse und sähe sich gern im Spiegel. Er kann wie der Vater aussehen, vor allem wie Vater, wenn er sich über ihn ärgert.
Nix. Lass es! sagt eine Stimme in ihm, aus ihm, und mit einem Mal sieht er ihn. Er sieht ein krummes, grässliches Wesen, das bewegt sich mühsam auf den Noten einer Quinte, stolpert, stürzt zwischen die Linien, kreischt.

Quintus, hört sich Wolfgang verwundert sagen.
Quintus, Quantus, Quartus. Während er mit dem Namen spielt, klopft er einen Dreivierteltakt auf den Tisch und macht damit den Vater aufmerksam. Was hast du mit der Quinte, Woferl?
Nix, nix, gibt er zur Antwort, legt schützend seine Hand über den Quintus, damit der Vater den winzigen Geist nicht sieht. Er spürt, wie der ihn kitzelt, als hätte er eine Mücke in der hohlen Hand.

2

Wien beginnt mit W. Warten auch. In Wien lernte Wolfgang warten. Er vertrieb sich die Zeit mit Noten schreiben, Klavier üben, Geige spielen, ärgerte das Nannerl und redete gescheit daher. Er erzählte von dem krummbeinigen Offizier, dem schwalbenschwänzigen Ungarn, den er auf dem Donauschiff kennengelernt, den der Vater aber nie gesehen hatte, stotterte manchmal sehr kunstvoll, vor allem, wenn es zu einem Di kam, das er in zahlreiche kurze und längere Di-Laute aufteilte: Die-die-didi, oder zum schmetternden Da, Da-da-dada. Sie wohnten zuerst im »Weißen Ochsen«, dort konnte er, wenn es ihm passte, aus dem Zimmer verschwinden und sich auf dem Fleischmarkt umschauen. Als sie jedoch bei Herrn Ditscher ein Zimmer bezogen, in dem sie sich auf die Füße traten, Mutter, der Vater, das Nannerl und er, war es aus mit seiner Bewegungsfreiheit. Fast jeden Tag bekamen sie Besuch, von Offizieren, Grafen, Gräfinnen, die immer, wie der Vater am Schluss wütend feststellte, etwas haben und nichts

dafür geben wollten. Das Geld ging ihnen aus. Die Gräfin Sinsendorf, eine stattliche Dame, die ihnen, sobald sie ins Zimmer trat, die Luft raubte, übergab dem Vater im Auftrag des Hofes immerhin einen Vorschuss, und sie waren, nach einem gelungenen Konzert beim Grafen Harrach, sicher, dass sie von der Kaiserin eingeladen würden, nach Schönbrunn.
Während des Konzerts war es Wolfgang gelungen, die Zauberkraft von Quintus zu nützen. Der überraschte ihn, winzig und beweglich, als er die Hände auf die Tasten legte, gespreizt zu einer Quinte.
Oi! staunte Woferl.
Worauf der Vater beunruhigt fragte: Passt dir etwa das Instrument nicht?
Und die Gräfin Harrach wollte wissen, ob es ihm nicht gutgehe. Darauf lachte Quintus hundsgemein. Wolfgang auch.
Womit er den Vater bewog, ihn sanft zu tadeln: Aber, aber, Woferl. Was ist mit dir? Fang schon an.
Er spielte, so gut er nur konnte, einen türkischen Marsch, und Quintus hüpfte den Quinten voraus und verleitete ihn zu einem kühnen Versuch, allerdings noch nicht bei einer fremden, sondern einer ihm vertrauten Person. Er befahl dem Quintengeist, der Nannerl unters Kleid zu fahren, auf den Rücken, wo sie sich selber nicht kitzeln konnte. Dort sollte er sie jucken auf Teufel komm raus. Quintus verschwand. Wolfgang spielte. Das Publikum lauschte, bewun-

derte den Knaben. Der aber beobachtete den Erfolg, den er mit seinem Quintus bei der Schwester hatte. Das Nannerl wand sich in dem allzu hohen Sessel, rieb den Rücken an der Lehne, versetzte mit seiner Unruhe die ganze Reihe mit Grafen und Hoheiten und Obristenfrauen in zuckende Bewegung.
Also du mit deiner türkischen Musik, stellte der Vater hernach fest, kannst die Leute geradezu in Schwung versetzen. Sie sind, hast du's bemerkt, beinahe mitgehüpft.
Und mich hat's am Buckel viehisch gejuckt, klagte das Nannerl.

Ihre Majestät, die Kaiserin Maria Theresia, hatte ihren Obersthofmeister, einen dürren Riesen mit einer piepsenden Vögelchenstimme, geschickt, um ihnen die erwartete Einladung zu überbringen.
Zufrieden stellte Vater Leopold fest: Ihre Majestät ist an dir und an deiner Kunst interessiert, Woferl. Und du, du musst zeigen, was du gelernt hast, was du kannst.
Worauf sich der Bub vor dem Vater verbeugte wie nach einem erfolgreichen Auftritt: Gewiss, Herr Papa, daran soll es nicht fehlen.
Der Vater musterte ihn verblüfft: Ich möchte bloß wissen, wie es kommt, dass du dich so ausdrückst.
Wolfgang verblüffte ihn ein weiteres Mal mit seiner Antwort: Das kommt von der Musik.

Soll einer dich verstehen, sagte das Nannerl, das ihnen zugehört hatte.
Ehe sie sich nach Schönbrunn, in das prächtige Schloss begaben, stritten die Eltern.
Wie sollen wir nach Schönbrunn gelangen? fragte Mutter.
Vater äffte ihre Angst nach: Ja, wie sollen wir nach Schönbrunn gelangen?
Ja wie? fragte auch Wolfgang.
Mit der Kutsche! Der Vater wurde ein wenig lauter.
Damit er auf sie höre, fragte die Mutter noch lauter: Mit welcher?
Mit welcher? wiederholte der Vater fortissimo. Mit der kaiserlichen, der Hofkutsche. Nicht mit irgendeiner bestellten.
Ich geh, sagte Wolfgang und witschte aus dem engen Zimmer, in dem die Gerüche von vier Personen sich mischten, der Schweiß, die Damendüfte, der Puder. Er sprang die Stiegen hinunter, die letzten zwei auf einmal, und ließ die Haustür hinter sich zufallen. Geduckt eilten Leute unterm Regen weg, fuchtelten mit Schirmen, schimpften.
Ein paar Gassenbuben umkreisten ihn und streckten ihm die Zunge heraus. Du feines Bürschel, woher kommst du?
Er gab ihnen keine Antwort. Wenn die wüssten, dass er von der Kaiserin eingeladen ist, würden sie vor Staunen auf den Hintern fallen.

Komm! rief die Mutter: Woferl, komm!
Er erwiderte singend. I komm scho. I komm scho. Dann lief er zum Klavier und spielte die Tonfolge, die er gesungen hatte. Vielleicht kann er so ein Stück beginnen.
Das Gespann, das sie nach dem Mittagessen abholt, gleicht beinahe denen bei der Post: eine geschlossene Kutsche, ein livrierter Kutscher und zwei kräftige Rösser. Nur dass die Pferde feiner und gepflegter aussehen, der Kutscher eher wie ein Offizier auftritt, die Uniform blitzsauber ist und das Leder glänzt. Die Kutsche, schwarz lackiert, hat eine mit einem ausgehungerten, vergoldeten Doppeladler geschmückte Tür. Misstrauisch beobachtet der Kutschersoldat den Aufmarsch der Familie: Woferl an der Spitze, dahinter die Eltern und die Schwester.
Ob er der berühmte Bub und Musiker sei? fragt der Kutscher mit einer Stimme, die er an seinen Pferden erprobt hat.
Soll ich wiehern? fragt sich Wolfgang und tut's. Womit er den Kutscher erschreckt und beleidigt.
Vater und Mutter entschuldigen sich zweistimmig »für das Kind«. Es habe manchmal sonderbare Einfälle. Es gelingt ihnen jedoch nicht, den Mann umzustimmen. Er blinzelt, schiebt seine Lippen durch den Bart und winkt Wolfgang mit einer heftigen Handbewegung in die Kutsche. Hinein! Die Familie folgt ihm geduckt und betreten.

Kaum sitzen sie auf den weichen gepolsterten Bänken einander gegenüber, Kinder und Eltern, beginnt das Nannerl zu klagen: Also der Kutscher vom Grafen Collalto war tausendmal freundlicher als der da vorn.
Der ist auch von seiner Majestät ausgeschickt und nimmt sich tausendmal wichtiger, erklärt Vater mit gesenkter Stimme und legt Wolfgang das Notenbuch auf den Schoß. Dem ist die Bank zu hoch, weshalb er sich mit den Beinen nicht aufstützen kann und es mit den Armen tut. Die Noten hatte der Vater ihm am »10. Oktober 1762 zum sechsten Namenstag« geschenkt. Aus Gewohnheit hatte er vors Datum »Salzburg« geschrieben. Daraus kannst du der Majestät spielen. Ein paar Stückerln von Haydn, Gluck oder auch von mir.
Wie beim Collalto, nickt Wolfgang.
Du meinst den Grafen Collalto, verbessert ihn der Vater.
Jaja, beim Collalto hat's mir gefallen in seinem Palais. Das war längst nicht so weit weg wie Schönbrunn.
So passabel musst du spielen wie dort.
Wolfgang nickt wieder: Die Madame Bianchini hat mich mit ihrem Gesang auch angefeuert. Mit der Euridice.
Wer weiß, was dich bei Hof anfeuert, seufzt die Mutter und späht angestrengt aus dem Fenster, als suche sie dort nach der rettenden Person.

Das Nannerl stößt ihn mit dem Ellenbogen in die Seite: Du hättest das Büchel vom Pufendorf mitnehmen sollen, damit die Kaiserin gleich weiß, was sie von dir halten muss.
Ach geh. Er spielt den Verlegenen.
Als der Graf Pufendorf im Collalto-Palais das Gedicht auf den »kleinen sechsjährigen Pianisten aus Salzburg« vortrug, wäre der vor Stolz beinahe geplatzt. Er hatte das Gefühl, die Knöpfe sprängen ihm von der Jacke.
Der Graf hatte sich vor dem überraschten Publikum aufgestellt, neben dem Klavier und neben Wolfgang, der schon seine Hände auf die Tasten gelegt hatte, und sprach mit erhobener Stimme:
»Bewunderungswürdiges Kind!
des Fertigkeit man preist,
und Dich den kleinsten, doch den größten Spieler heißt.
Die Tonkunst hat für Dich nicht weiter viel Beschwerden.
Du kannst in kurzer Zeit der größte Meister werden.
Nur wünsche ich, dass Dein Leib der Seele Kraft aussteh
und nicht, wie Lübecks Kind, zu früh zu Grabe geh.«
An dieser traurig mahnenden Stelle unterbrach der Graf den Vortrag, räusperte sich und erklärte seine Anspielung: Es habe sich um ein Wunder gehandelt, ein gelehrtes Kind aus Lübeck, das mit sechs Jahren

schon viele Sprachen und Wissenschaften in seiner Gewalt gehabt habe und unlängst jäh gestorben sei. »Dahin, dahin«, klagte der Graf von Pufendorf und hob die Arme gegen die Decke. Wolfgang sah die Sprachen und die Wissenschaften, die der Lübecker Knabe in seiner Gewalt gehabt hatte, wie ein Rudel von Löwen, fand es übel und unnötig, schlug eine Quint an und schickte Quintus dem Grafen in die Hose. Auf der Stelle fing sein adliger Lobredner an zu hüpfen, sich zu schütteln und zu rütteln.
Als könnte das Nannerl seine Gedanken lesen, was sie sowieso konnte, begann sie über die Verrenkungen des Herrn von Pufendorf laut nachzudenken: Wenn ich nur wüsste, was in den Herrn Pufendorf gefahren ist, nachdem er den Woferl so gerühmt hat. Er hat ja wie ein Derwisch getanzt, ist gehüpft und gesprungen und hat mit dem Popo gewackelt wie ein alter Erpel.
Wahrscheinlich ist ein Floh übergesprungen, sinnierte die Mutter. Der Vater widersprach ihr energisch: Es ist halt eine schlechte Angewohnheit.
Und was meinst du? fragte das Nannerl ihren kleinen Bruder und legte ihren Arm um seine Schulter.
Ich? Ich! Ich? Ich!
Spinn doch nicht. Das Nannerl drückte ihn an sich.
Er schüttelte sich, kicherte. Siehst, sagte er. Vielleicht hat der Pufendorf furzen müssen und den Hintern geklemmt, mit aller Gewalt.

Du hast alleweil Fürz im Kopf, stellte das Nannerl aufgebracht fest, drückte ihn aber so, als wolle sie ihn herzen, und er war zufrieden mit seinem Quintus.

Auf dem weiten Platz vor dem Schloss Schönbrunn standen Spaziergänger oder Neugierige in Gruppen zusammen, als wollten sie sich gegenseitig wärmen.
Gleich wird es schneien, sagte der Kutschsoldat auf einmal freundlich und half dem kleinen Musiker aus der Kutsche, und wir können die Rösser dann vor den Schlitten spannen.
Die ersten Flocken tupften schon Wolfgangs Stirn.
Grüß Gott, sagte er.
Wen grüßt du? fragte das Nannerl, das der Kutscher aus dem Wagen hob.
Den Schnee, antwortete er.
Sie lachte, lachte und blies die dichter fallenden Flocken von sich weg.
Sie passierten anstandslos die Wachen vor dem Portal, da der Kutscher sie vorstellte: Die Familie Mozart aus Salzburg.
Wir wirken Wunder, stellte der Vater sehr zufrieden fest.
Danach führten sie zwei Diener in Uniform die wunderschöne Treppe hinauf, an der sie oben der Geheime Zahlmeister erwartete, ein fetter, aber sehr beweglicher Mann, der Wolfgang in sein Herz ge-

schlossen und dem Vater Leopold bereits sein Honorar von der Kaiserin überreicht hatte.
Majestät saß auf einem Diwan in aller Breite, Mächtigkeit und Herrlichkeit. Ihr Gewand glänzte und schimmerte. Die Männer verbeugten sich, die Damen machten einen Knicks, wie es ihnen der Obersthofmeister vorgemacht hatte. Die Kaiserin lachte. Das Lachen kam tief aus ihr heraus wie eine Musik. Mit ein paar Schritten war Wolfgang bei der Kaiserin und sprang ihr auf den Schoß, umarmte und busselte sie.
Aber nein! hörte er die Mutter.
Maria Theresia ließ ihn erst einmal nicht los, küsste ihn auf die Stirn und befahl ihm: Dafür, dass er sie ungefragt gebusselt habe, müsse er für sie auf dem Klavier spielen.
Vater Leopold hastete zum Klavier, legte die Noten auf.
Wolfgang spielte ein Menuett, dann eine Erfindung von sich selbst, zum Schluss ein schweres Stück von Bach. Mitten im Spiel öffneten sich die Türen zum Saal. Auf Zehenspitzen traten Höflinge ein, verschieden kostümiert, und einige der vielen Kinder der Kaiserin, schließlich Kaiser Karl selbst, der Vater Leopold leise ansprach und hinausholte. Dort habe er, erzählte Vater später, einer Prinzessin zuhören müssen, die aus seiner Geigenschule spielte. Das jedoch gar nicht übel.

In den nächsten Tagen zogen sie von Konzert zu Konzert, von Palais zu Palais, vom Grafen Daun zur Gräfin Schlick, vom französischen Botschafter zu den Grafen Hardeck und Kaunitz.
Meistens wurden sie abgeholt. Meistens trugen er und das Nannerl die Kleider, die ihnen der Geheime Zahlmeister mit überschwänglichen Sätzen, im Auftrag Ihrer Majestät, überreicht hatte. Er trug den Anzug eines ihrer Söhne und trat also auf wie ein Kaiserkind. Das Nannerl sah in ihrem Kleid wie eine richtige große Frau aus. Sie benahm sich auch so. Bei den Konzerten schob sie ihn vor sich her und zwickte ihn in den Popo. Er hätte ihr den Quintus auf den Leib schicken können, aber er fürchtete, sie könnte herausbekommen, wer ihn ausgesandt hatte.
Ich habe meinem Freund Hagenauer geschrieben, wie beliebt du allseits bist und wie fein du dich benehmen kannst, lobte ihn der Vater, ehe sie zu einem Konzert beim Grafen Harrach aufbrachen.
Hast du den Vater gehört? fragte das Nannerl, das ihm wie ein Roß in den Nacken schnaubte. Du bist halt ein braves Buberl, ein herziges, ein allerliebstes und ein ganz und gar schiaches, murmelte sie hinter ihm.
Den Grafen Harrach schätzte er. Er beugte sich nicht zu ihm hinunter, sondern zog sich, wenn er sich mit ihm unterhielt, einen Stuhl heran, setzte sich und re-

dete nicht wie mit irgendeinem Kind, einem Allerweltsbuben, er sprach sehr vernünftig mit ihm, erkundigte sich, was er von Wien schon gesehen habe, ob ihn das allabendliche Konzertieren nicht müde mache, ob er sich vor Ihrer Majestät, der Kaiserin, etwas gefürchtet habe? Als er erwiderte, er habe sich viel mehr vor dem Kaiser gefürchtet, lachte der Graf und zog die Augenlider zu Schlitzen zusammen: Vor dem brauchst du dich nicht zu fürchten.
Die Majestät hat mich auf ihren Schoß genommen, sagte er.
So, wie ich gehört hab, lachte der Graf, hast du sie dir erobert. Er fragte ihn auch, ob sein Vater ihm das Lesen und Schreiben beibringe oder die Frau Mutter. Niemand fragte ihn so, alle hielten es für selbstverständlich, dass er Noten, aber auch mirnixdirnix Buchstaben lesen und schreiben konnte.
Weißt du, mir fiel es schrecklich schwer, Noten lesen zu lernen, gestand der Graf.
Wolfgang verbeugte sich vor dem Publikum, das auf den vorbereiteten Stühlen Platz genommen hatte, ließ sich von dem Grafen begrüßen, der ihn einen von einem guten und einfallsreichen Geist gesegneten Knaben nannte und seine überaus begabte Schwester zum Duo aufforderte, für Piano und Geige. Der begabten Schwester sandte der Bruder, kaum hatte er eine Quint angespielt, den Quintus in die Nase. Wie Schnupftabak sollte er wirken!

Das Publikum heizte den Saal. Der Schweiß rann ihm unter den gepuderten Haaren auf die Stirn. Die Schwester klemmte sich die Geige unter das Kinn und zählte: Eins, zwei, drei. Auf geht's, befahl er dem zwischen seinen Fingern hüpfenden Quintus. Jetzt! Und die Schwester nieste! Sie nieste wie ein Donau-Matrose mitten in die ersten Takte.

Oi! Oi! stöhnte er, spielte weiter, trieb sie, bei der Sache zu bleiben, doch Quintus ließ ihr keine Ruhe, ein stürmischer Popel. Sie nieste wieder.

Aber nein, ließ sich der Vater hören.

Die Damen im Publikum kicherten.

Nannerl nieste.

Sie nieste.

Sie geigte.

Sie nieste.

Er hielt sie, konzentriert spielend, auf Trab. Kaum waren sie zu Ende, kaum hatten sie sich in einem gemeinsamen Piano gefunden, leise, leise, nahm das Nannerl einen Anlauf, stand schon neben ihm und peitschte ihm mit dem Bogen Kopf und Buckel. Er hob schützend die Arme.

Vater und Mutter versuchten, das wütende Mädchen zu besänftigen.

Am Ende nahm die Gräfin Harrach sie fest in ihre Arme. Du hast geniest, Mädchen, und der Wolfgang hat dich sicher begleitet, dein Niesen einfach überspielt. Wieso schlägst du auf ihn ein?

Sie nieste, umschlungen von der Gräfin, noch einmal, gewissermaßen abschließend, Wolfgang sah Quintus auf den Tasten, pfiff zufrieden zwischen den Zähnen und bekam dafür ein väterliches »Ich bitte dich« zu hören.
Der Vater entschuldigte sich bei dem Grafen für diese Misslichkeit, die misslungene Sonate, aber – und dieses Aber betonte er, als wäre es nicht bloß ein Widerruf, sondern ein Befehl –, aber die Kinder werden Sie gleich mit einem gelungenen Stückerl entschädigen.
Der Graf wiederholte den Satz fürs Publikum, das dankbar applaudierte. Vater Leopold fragte noch in aller Eile das Nannerl, wie es darauf käme, dem Wolfgang die Schuld für ihr Niesen zu geben. Sie habe doch geniest und nicht er.
Aber er hat mich so von der Seit angeschaut, dass ich hab niesen müssen.
Ich versteh euch nicht. Der Vater gab auf.
Am Abend, als sie müde zu Bett gegangen waren, Vater Leopold ihnen noch eine Strafpredigt gehalten hatte – er wünsche keine Komödie dieser Art mehr, auf keinen Fall –, am Abend schlüpfte Wolfgang zu seiner Schwester ins Bett, rieb seinen Kopf wie ein Kater an ihrer Schulter: Bist mir bös? fragte er.
Ich hab's gewusst, zischte das Nannerl, du warst es.
Der Quintus, flüsterte Wolfgang.
Wer?
Der Quintus.

Du spinnst dir was zusammen. Sie drehte sich zu ihm, stieß mit ihrer Stirn gegen die seine. Es war ein Popel.
Also doch der Quintus, stellte Wolfgang zufrieden fest.
Jetzt verschwind. Sie riss die Decke an sich und jagte ihn aus ihrem Bett.

Noch einmal bat die Kaiserin. Das erfüllte den Vater mit Stolz: Du hast ihr Eindruck gemacht, Woferl, und das Nannerl dazu. Der Obersthofmeister holte sie ab, ungleich höflicher und freundlicher als beim ersten Mal. Er nannte Wolfgang »Buberl«, streichelte ihm den Nacken, und Wolfgang fürchtete, die große und knochige Hand könnte klebenbleiben.
In Schönbrunn kannte er sich fast schon aus. Er wusste, wohin die prunkvolle Treppe führte, die ihm allzu große Schritte abverlangte. Das Glitzern und Glänzen schüchterte ihn nicht mehr ein. Nicht einmal Ihre Majestät und die Dienerschar. Und wieder, nachdem er die Stiegen bewältigt hatte, drückte ihn die Blase. In seiner Not klemmte er, drückte die Schenkel beim Gehen zusammen.
Die Mutter, die nach ihm den Saal betrat, redete ihm, kaum hatte sie ihren Hofknicks gemacht, in den Rücken: Lauf nicht so angestrengt.
Ich muss bieseln, flüsterte er so inständig, dass ihn die ganze Umgebung hörte, die Kinder der Kaiserin zu

kichern begannen, die Diener den Kopf einzogen. Der Obersthofmeister, der mit seinen Augen und Ohren überall war, fasste ihn an der Hand, zerrte ihn hinter sich her: Komm mit! Wobei er ihn zu so großen Schritten nötigte, dass er beinahe in die Hose machte. Auf dem langen Gang lief eine Zofe auf sie zu und schwenkte einen Potdechambre.

Nun bist du gleich erlöst, prophezeite der Obersthofmeister.

Majestät hat erlaubt, dass wir dir zuhören, sagte das Fräulein.

Lauf, befahl ihm der Obersthofmeister und gab ihm einen Klaps.

Majestät erwartete ihn auf dem Diwan, nickte und lachte in sich hinein. Er stellte sich steif gegen das Klavier, und Nannerl deutete ihm an, dass sie gleich niesen müsse. Er schüttelte heftig den Kopf.

Ist ihm etwas eingefallen? fragte der Vater.

Seine Hände flogen über die Tasten.

Man müsste tanzen können, hörte er die Kaiserin sagen. Sie schenkte ihm noch einen Degen zum Anzug des Prinzen. Er musste ihr versprechen, den Degen stets zur Uniform zu tragen, wie es sich gehöre.

Am Tag darauf, als sie nach Salzburg aufbrechen wollten – endlich nach Hause! –, wachte Wolfgang mit einem glühenden Kopf auf, konnte nur schwer atmen, wollte sich nicht rühren. Vater und Mutter beugten sich besorgt über ihn, entdeckten münzgroße Flecken auf seiner Brust und auf dem Oberschenkel. Das veranlasste den Vater dazu, das Schwarze Pulver, das er sich vor jeder Reise in der Apotheke mischen ließ, anzuwenden und auch den Arzt zu rufen. Er schickte einen Boten zum Obersthofmeister, der in kürzester Zeit mit einem Doktor erschien. Der legte seinen Kopf auf Wolfgangs Brust, rieb das Ohr an seinen Rippen und hüstelte. Er könne, sagte er voraus, nach zwei Tagen, falls das Medikament gewissenhaft angewendet werde, das Bett verlassen. Feuchte Tücher auf Stirn und Wange, lautete sein Auftrag an die Mutter. Das Nannerl war schon auf dem Weg zum Brunnen.

Der Doktor behielt recht. Zwei Tage darauf fuhren sie heim, und Vater Leopold plante bereits die nächste Reise; nach Augsburg wolle er und zu einigen Bischöfen und Fürsten, vor allem aber zu den Mannheimer Musikern, die kennenzulernen und zu hören sei wichtig für den Wolfgang. Und – ja, übers Meer auf die Insel, nach England. Zur Königin. Nach der Kaiserin warte die Königin. Sie solle ein Ohr für die Violine haben. Er versuchte seine Familie auf den Geschmack zu bringen, von neuem die Strapazen einer langen Reise auf sich zu nehmen.
Heim! Dass die Pferde vor der Kutsche fliegen könnten wie die von Phöbus, dem Sonnengott, wünschte

sich Wolfgang. Mit einem erfundenen Kartenspiel vertrieb er sich, zusammen mit der Schwester, die lange Reisezeit. Fünferles spielen. Nicht wenige Salzburger Spiele waren seine Erfindung. Die Fünf in jeder Farbe gewann immer und hatte die höchste Macht. Der Vater und der Wolfgang seien, wie die Mutter manchmal klagte, wahre Spielratzen. Vater Leopold hatte sich gleich für den ersten Sonntag zu Hause zum Bölzelschießen verabredet und nachgeschaut, ob seine Bölzelflinte nicht aus dem Kasten verschwunden war. Doch vorher rief sie der Vater noch zur Schul, wie er sagte. In der war er der einzige Lehrer, und Wolfgang und Nannerl waren seine einzigen Schüler. Schreiben und Lesen konnten sie schon. Jetzt lernten sie Latein, Italienisch für die Oper, Französisch und Englisch für die nächste Reise. Selbst beim Vokabellernen alberte Wolfgang herum und steckte damit die Schwester an.
Wie heißt Fenster auf Französisch? möchte der Vater wissen.
Fenêtre peut-être, peut-être fenêtre.
Lass den Unsinn. Vielleicht-Fenster gibt es nicht.
Auf eine Bölzelscheibe schießen durfte Wolfgang noch nicht. Aber er konnte sich einen Vertreter wählen und dessen Punkte sammeln. Heimlich hatte er schon einmal im Sallettl, im Musik- und Spielzimmer, auf die Scheibe geschossen. Allerdings ging die Kugel daneben, in die Wand und nicht auf die Scheibe, was

Mutter, falls sie den fliegenschisskleinen Einschuss entdeckte, sicher ärgern würde.
Inzwischen hatte der Vater schon eine Bölzelkompanie zusammengestellt, die andere Kompanien in der Punktzahl übertreffen sollte. Zu Vaters Kompanie zählten das Nannerl, Hagenauers, seine besten Freunde, ein paar weitere Bekannte der Familie und Wolfgang, als Bolzenputzer. Er war sogar dabei, als sich die bekanntesten Bölzeltruppen im Rathaus trafen und die Mozart'sche Kompanie, dank Nannerls Nervenstärke, die zweitbeste Punktzahl erreichte.

Sobald der Sonntag vorbei ist, sitzen sie wieder in der Stube beim Vater und lernen. Nicht immer gelingt es Wolfgang, bei der Sache zu bleiben. Er träumt sich fort.
Was soll das heißen? fragt der Vater, als er auf einem Blatt in schönen verschlungenen Buchstaben »Gnagflow Trazom« schreibt. Das Nannerl schaut von der Seite aufs Papier, kichert und presst die Hand auf den Mund. Sie ist halt meine schlaue Schwester, diese Zibeb, sagt sich Wolfgang, zieht die Schultern hoch, was den Vater noch mehr erzürnt.
Sag schon, was soll der Unfug? Es könnte mich verrückt machen, dein verkehrtes Denken.
Verkehrt, murmelt Wolfgang. Das ist mein Name – verkehrt, mein Name! Klingt komisch. So könnte ich mich nennen, wenn die Leute mich anstarren, als

wollten sie mich lutschen wie ein Zuckerl. Der Trazom!
Sei still. Der Vater hat wenig Sinn für seine Späße.
Aber am Abend schlupft Wolfgang zur Schwester ins Bett, nudelt sie und schleckt ihr die Backe ab, bis sie Pfuideixel quietscht und ihn über die Kante schiebt.
Kommen Sie morgen wieder, Sie Schwumberl, Sie Bimberl, Sie echter Hanswurst, ruft sie ihm nach, als er auf den Boden plumpst.
Manchmal ziehen sie sich zum Spaß die Kleider an, die sie von der Kaiserin geschenkt bekamen. Er die Uniform des Kaisersohnes und sie das weiße Taftkleid der Prinzessin.
Ich bin so viel größer als die. Bei mir kracht beinah das Mieder, stellt das Nannerl fest.
Und mir rutschen die Hosen, und der Säbel ist lang wie ein Stock.
Doch sie kommen gar nicht dazu, zu spielen, das Nannerl mit ihren Puppen und Wolfgang mit seinen Holzfiguren, die er singen lässt. Echt schweinische Liedeln, tadelt das Nannerl. Er soll sie die Eltern nicht hören lassen und sie nicht bei offenem Fenster singen, damit einem vorbeigehenden Priester nicht das Schmalz in den Ohren brennt.
Sie müssen üben. Für die Reise. Der Vater schickt Briefe in die Welt, in denen er die Wunderkinder ankündigt.

Für alle Fälle probiert Wolfgang noch einmal die Fähigkeiten von Quintus aus. Diesmal muss er nicht jucken, nicht kitzeln, sondern zum ärgerlichen Ton werden. Einem Boten des Bischofs, der dem Vater eine böswillige Nachricht überbringt, die ihn in Salzburg festhalten soll, scheucht er den Quintus ins Ohr. Während der Bote sich mit dem Vater unterhält, fragt er wiederholt: Wie? Was?
Hört Er schlecht? fragt der Vater.
Nein, aber es pfeift und jault in meinem Ohr, sodass ich mich entschuldigen muss. Er verabschiedet sich so hastig, dass Wolfgang fürchtet, er entführe seinen Quintus.
Halt, ruft er.
Der Bote macht auf dem Absatz kehrt: Was sagst du?
Nix, nix, Ehrwürden, beteuert er. Das Nannerl mustert ihn prüfend. Er hingegen starrt auf die Tasten und auf den frechen Gedankenkrümel, der eben auf dem Cis gelandet ist.

Am 9. Januar 1763 nimmt die ganze Familie die bestellten Plätze in der Postkutsche nach München ein. Wie stets sagt die Mutter ihren Spruch, der Wolfgang Angst macht: Wer weiß, wann wir heimkommen und was uns in der Welt erwartet.
Und wie stets gibt der Vater seine Antwort: Was schon? Ruhm und ein bissel Geld.

3

In München wurde die Familie, als sie in der Nähe des Schlosses Nymphenburg spazieren ging, entdeckt. Vater Leopold hatte es, was das Nannerl durchschaute, darauf angelegt. Aus einem Fenster eines Kavaliershauses winkte ihnen ein Herr zu, der Prinz von Zweibrücken, der sie in Wien kennengelernt hatte. Er freute sich, herzte Wolfgang, den wunderbaren Knaben, wie er sagte, und fragte, ob der Kurfürst über ihre Anwesenheit Bescheid wisse. Er sorgte dafür. Am Nachmittag erschien ein Bote im Quartier, lud sie auf die Badenburg zum Kurfürsten ein. Er erwarte ein Konzert. Wie immer vor solchen Einladungen begann Vater Leopold zu wedeln, zu kreiseln, riss Papiere an sich, erteilte Befehle, wer für was zu sorgen habe und welche Musikstücke unbedingt auf dem Programm stehen sollten.

Woferl, befahl er, du bleibst gefällig ruhig auf deinem Arschel sitzen und denkst, was du spielst. Nannerl, du passt auf, zusammen mit der Frau Mama, dass ihr allesamt manierlich gekleidet seid. Also, ich bitt euch!

Dieses »Ich bitt euch« war der übliche Fanfarenstoß vor einem Konzert. Bis die Kutsche vorm Haus wartete oder sie sich, nach der Berechnung des Vaters, zu Fuß auf den Weg machen mussten. Gehen wir. Während des Gehens probierte Wolfgang in Abständen die Verbeugung, dabei lief er sonderbar sich aus der Hüfte wiegend, was das Nannerl aufbrachte:
Lass den Blödsinn bleiben, Brüderl.
Der steckt halt in mir, pflegte er zu antworten.
Das Nannerl gab dann, wie gewohnt, zur Antwort: Ich möchte wissen, was alles in dir steckt.

Da die Eile das Konzert beim Kurfürsten dirigierte, der Vater vor der Saaltür auf und ab lief und sich über den Geiz des Kurfürsten ärgerte, der die Familie ohne Gage auftreten ließ, da die Eile unsichtbar den Taktstock schwang, kam Quintus nicht einmal zum Vorschein, und Wolfgang konnte ihn nicht einsetzen. Dennoch spielte er mit großer Energie, und das Nannerl übertraf ihn noch. Die Kinder sind, fand der Kurfürst in einer leutseligen Ansprache an das rasch zusammengerufene Publikum, eine wahre Labsal. Nur die Labsal einer ordentlichen Gage gönnte er ihnen nicht, der durchlauchtige Esel, wie der Vater ihn auf dem Rückweg nannte. Wolfgang fand, dass er es nicht selten mit durchlauchtigen Eseln zu tun habe.

Auf den württembergischen Herzog Carl Eugen und auf die Residenz in Ludwigsburg war Vater Leopold besonders gespannt. Er erhoffte sich einen großen Erfolg und ordentliche Einnahmen. Der launische Herzog enttäuschte ihre Erwartungen. Er erwartete sie nicht in Ludwigsburg, wie versprochen, sondern auf dem Schloss Grafenegg. Das erfuhren sie durch einen Boten, der sie in Plochingen auf der Poststation abfing. Der Oberkapellmeister Jomelli werde sie in Ludwigsburg empfangen und einführen. Unterwegs in der Kutsche hielt Vater Leopold einen Vortrag über die Zustände am Ludwigsburger Hof, obwohl er den noch nicht kannte. Das Nannerl nickte unentwegt, Wolfgang schaute so angestrengt aus dem Fenster, als käme das Schloss bereits in Sicht. Mutter feuerte Vater mit zustimmenden Seufzern an.
Dieser Jomelli, empörte sich der Vater, breitet sich am Hof aus und fördert die Italiener, ihre Musik, sodass der Herzog keine Ahnung hat, welche Musik es neben der italienischen gibt. Der Jomelli ist ein geld- und ruhmgieriger Hundsfott. Aber wenn die Kinder dort auftreten, wird er sich nach italienischen Bälgern von ähnlichem Talent umschauen müssen. Nichts wird er finden, keine wie Woferl und Nannerl.
Göll! Wolfgang drückt die Stirn gegen die Scheibe und bestätigt den Vater. Von Jomelli hat er auch schon gehört.

Vielleicht, geht es ihm durch den Kopf, kann er seinen Quintus auf den Maestro Jomelli loslassen. Der erwartete sie am Portal zum Hof, ganz in Weiß, von der Perücke bis zu den Schuhen, ließ das Schloss mit einer ausholenden Geste noch größer und prächtiger werden. Er sprach von »unserem Herzog«, als gäbe es keine Kaiserin in Wien und keinen König in Frankreich. Plötzlich gehörten auch sie, alle Mozarts, »unserem Herzog«. Jomelli schlug ihnen vor, die Instrumente auszuprobieren, vor dem abendlichen Konzert, sich auch die Säle und Räume anzuschauen.
Allez! so befahl er Wolfgang auf den Klavierschemel, als wäre er ein Tänzer. Wütend spielte er ein kurzes Stück, das Monsieur Jomelli außerordentlich beeindruckte.
Der Knabe hat Feuer, befand er und legte seine Hand segnend auf Wolfgangs Kopf. Womit er Vater Leopold ärgerte, der das Nannerl ans zweite Klavier schickte: Worauf sie fabelhaft einen Czerny hämmerte und variierte. Die Musik fuhr Jomelli in die Glieder. Er machte gewaltige Sätze, spreizte die Beine, flatterte mit den Armen. Und der staunende Wolfgang dachte: Gleich fliegt er durch den Saal.

Allmählich stellten sich auch die Mitglieder der Hofkapelle ein, begierig, die Mozart-Kinder zu hören, kennenzulernen. Jomelli stellte jeden Musiker vor, den Geiger, den Trompeter, den Cellisten. Er werde, hoffe er, mit dem Jungen oder dem Mädchen ein Klavierkonzert von Corelli einüben können, im Lauf der nächsten Tage, bevor der Herzog mit der hohen Herrin von der Reise heimkehre.

Die nächsten drei Tage klagten Vater und Mutter über das unzulängliche und enge Quartier, dass sich keine Sau um sie kümmere, was Wolfgang gefiel: Er stellte sich die sich kümmernde Sau vor, unterhielt sich mit ihr, gab ihr seine Wünsche weiter. Hilf uns, katastrophale Ludwigsburger Herbergssau. Kennst du unsere Zerwürfnisse wegen der Bedürfnisse? Unsere Bedürfnisse schüren Zerwürfnisse. Er sang die Umlaute in Koloraturen, womit er Nannerl stimulierte, die zweite Stimme zu singen. Vater Leopold ärgerte der Klagegesang, und er befahl ihnen, still zu sein.

Herzog Carl Eugen drückte beim Gehen die Knie durch. So wurde er in einem raschen Rhythmus größer und kleiner, einem Automatenmann ähnlich. Wolfgang gelang es, ihn täuschend nachzuahmen, und er avancierte für die Dienerschaft zur kleinen Ausgabe des Fürsten. Vater warnte ihn. Wenn ihn der Herzog bei dieser albernen Nachäfferei erwische, werde er sofort eingesperrt. Das glaubte ihm Wolfgang nicht. Er will mich doch vorzeigen und nicht einkasteln. Er behielt recht. Sooft er sich auch wie

Carl Eugen bewegte, sogar Franziska von Hohenheim, dessen mächtige Geliebte, damit zum Lachen brachte, sooft auch übersah der Herzog sein kleingeratenes Double und schmückte sich in drei Konzerten mit ihm. Er zahlt miserabel, stellte Vater Leopold fest. Im letzten Konzert spielten Wolfgang und Nannerl so weit auseinander, dass Carl Eugen, der ein gutes Gehör besaß, aufgebracht den Kopf schüttelte. Das ist kein Vergnügen gewesen für euer Publikum, bemerkte er danach ärgerlich und verabreichte Wolfgang eine Nuss, sparte das Nannerl jedoch aus.

Vater Leopold hatte unter den Dienern am Ludwigsburger Hof einen Salzburger getroffen, ihn auch gleich zum Abendessen eingeladen, was die Mutter verdross. Sie könnten bei dem geringen Kostgeld, das sie bekomme, nicht noch fremde Fresser durchfüttern. Überall entdeckte der Vater Salzburger. Anscheinend litten die Salzburger unter Fernweh oder bekamen zu Hause nix oder mussten dem Herrn Bischof aus dem Weg gehen.

Wolfgang fand, dass die meisten Städte, in denen sie sich während dieser Reise aufhielten, nagelneu seien. Das Theater im Ludwigsburger Schloss schien ihm direkt für seinen Auftritt gebaut, und Mannheim, auf das er sich wegen des berühmten Orchesters freute, war sowieso eine brandneue Stadt. Gerade Straßen kreuzten sich. Das Schloss alterte am Rand, und das neue Theater hatten eben die Maurer verlassen.

In Ludwigsburg waren die Mozarts im »Goldenen Waldhorn« abgestiegen, in Ulm im »Goldenen Rad«. Wolfgang fragte das Nannerl, warum die Gasthäuser fast immer golden seien. Weil sie den Vater viel kosten, meinte sie. In Frankfurt stiegen sie im »Goldenen Löwen« ab. Der verlange noch mehr als die Ludwigsburger, erfuhr er vom Nannerl. Vielleicht weil Frankfurt eine größere Stadt ist als Ulm oder Ludwigsburg. Der »König von England« in Mainz habe ihnen, nicht vergoldet, auch einen ganz schönen Batzen abverlangt.

Drei Konzerte hatten sie in Frankfurt vor sich. Jeden Morgen brachte sie Vater Leopold zum Üben in den schönen Saal auf dem Liebfrauenberg. Und jedes Mal begann Wolfgang seine Übung mit dem Satz, der eigentlich sein Spiel beenden sollte: Ich kann schon, was ich kann. Und jedes Mal fügte das Nannerl trotzig hinzu: Ich nicht. Womit sie allerdings kühn schwindelte, denn sie spielte noch um eine Spur virtuoser als ihr Bruder. Dem fiel halt mehr ein.

Seit Vater Leopold von einem Frankfurter Bewunderer eine Kiste mit einem Dutzend Flaschen »Selzer«, Mineralwasser, geschenkt bekommen hatte, trak-

tierte er die ganze Familie damit. Es schmeckt wie Medizinpulver, meuterte Wolfgang, schon in allerlei Krankheiten erprobt. Außerdem müsse er, wenn er das Zeug getrunken habe, ständig bieseln. Wenn er mal in große Not gerate, biesele er auch unters Klavier. Das Nannerl konnte sich über seine schweinischen Gedanken gar nicht beruhigen. Das ärgerte ihn.
Ich kann's bis unter das Klavier, und du, weil du ein Mädel bist, musst du auf den Schemel schiffen.
Oh pfui, du Schwein.

Die Konzerte waren zur Zufriedenheit Vater Leopolds alle ausverkauft. Die Sensation hatte sich herumgesprochen. Vater Leopold las die Liste der Kartenbesteller stolz und laut vor. Sogar die berühmten Bankiers, die Brüder Bethmann, Johann Philipp und Simon Moritz, hatten sich mit ihren Familien angesagt. Und ein Herr Goethe mit Ehefrau und zwei Kindern.

Zu Beginn des Konzerts klang das Orchester grässlich verstimmt. Beinahe jedes Instrument, die Geigen, die Violen, die Celli und die Hörner und die Trompeten, spielten entweder eine Quint höher als vorgeschrieben oder tiefer. An den kleinen Knaben mit Degen (zur Uniform, die ihm Maria Theresia geschenkt hatte) und seine gepuderte Frisur erinnerte sich Goethe später noch als alter Mann. Nicht an die Musik.

Nach dem Konzert überschütteten sich die Musiker mit Vorwürfen, und der Dirigent saß schluchzend in einer Ecke und ließ sich von seinem ersten Geiger die Tränen von der Wange wischen. Der Quintus hatte Wolfgang wunderbar gehorcht, hatte sich auf die Saiten gelegt, die Ventile der Hörner gebremst. Vater und Mutter wunderten sich, wie ein Orchester von solchem Ruf derart durcheinandergeraten könne.
Das Nannerl faselte wieder von den bösen Gedanken Woferls.
Ich habe keine, widersprach er, ich muss musizieren, mich konzentrieren, fibrieren, retrilieren.
Hör auf, fiel ihm der Vater ins Wort.

Wo geht's denn jetzt hin? fragte Wolfgang.
Wo müssen wir denn nun hinreisen? fragte das Nannerl.
Wohin? fragte schon ziemlich verzagt die Mutter. Im November bekomme sie meistens Husten.
Ich auch, erklärte Wolfgang.
Ihr werdets mir schon keinen Ärger machen, sagte der Vater, der auf dem Bettrand saß und so ausschaute, als wolle er sich gleich schlafen legen. Aber er hatte, im Gegenteil, Neuigkeiten mitzuteilen: Ich habe dafür gesorgt, dass uns der französische Hof einlädt und dass wir – er holte tief Atem –, wenn meine Pläne wahr werden, über den Kanal zu Schiff nach England reisen.

Was müssen wir lernen? fragte Wolfgang. Englisch, Französisch?
Französisch kannst du schon. Englisch wirst du lernen müssen. Das wird erwartet.
Wer erwartet das?
Der englische König.
Dann soll der, um mich zu verstehen, Noten lernen.
Sei still, befahl der Vater.

Wie gewohnt, war die Waschfrau, da die Familie überstürzt abreiste, mit der Wäsche nicht fertig. Das Zeug sei noch nass, erfuhren sie von dem Boten, den die Mutter voller Ahnungen ausschickte.
Wolfgang schlug vor, sie sollte an die Postkutsche eine Wäscheleine hängen, mit der Erlaubnis der Thurn-und-Taxis'schen Gesellschaft.
Und wenn ihr vor Majestäten auftretet, warf die Mutter ihnen vor, besteht ihr auf blütenweißen Hemden und absolut sauberen Manschetten.
Wolfgang bestätigte, was sie sagte, mit einem heftigen Nicken und einem tröstenden Nachsatz: Also die Könige und die Kaiserin haben, und das ist wahr, oft dreckige Hemden und ungewaschene Strümpfe. Was sie in den Hosen haben, weiß ich nicht.
Hör auf! Der Vater lag auf dem Rücken und hob kurz den Kopf: Du redest schon wieder allzu gescheit daher.

In Koblenz angekommen, wurden sie von dem Gastwirt aufs Zimmer geleitet. Der verbeugte sich ein um das andere Mal, wedelte mit den Händen wie eine Ente mit den Flügeln, schnappte nach Luft und stellte fest, dass den Herrschaften ein phänomenaler Ruf vorauseile.

Wer eilt uns voraus? fragte Wolfgang flüsternd die Mutter.

Sie wiegelte ab: Später, sobald wir im Zimmer sind.

Die Eltern bereiteten die Kinder für das Konzert vor. Er wurde angezogen. Das Nannerl zog sich selber an. Er hob die Arme, damit die Mutter ihm das Hemd überziehen konnte, wartete, bis die Hose stramm saß und die Perücke gepudert war, und fragte schließlich: Wer ist der Herr Phänomen, der uns vorauseilt? Der ist mir unbekannt.

Die Mutter erklärte es ihm: Dass du und Nannerl in aller Welt bekannt seid, nennt der Wirt ein Phänomen. Ihr seid also das Phänomen.

Und wo sind wir jetzt? fragte er, wobei er die Augen rollte, denn er wusste, dass seine Frage den Vater verdrießen würde. Ist das Kobenzl, wo wir grad angekommen sind?

Vorsorglich zog er den Kopf ein, und wie erwartet erwiderte ihm Vater Leopold voller Wut und deshalb stotternd: K-k-k-kobenzl, das ist die Stadt Koblenz, und hier, Bub, fließen Rhein und Mosel zusammen. Wissen möchte ich, wo du mit deinem Kopf alleweil steckst? Uns voraus oder uns hinterher? Der Vater rang die Hände, doch nur kurz, da er sie brauchte, die Noten durchzublättern und zu ordnen. Kobenzl – murmelte er noch einmal. Und das Nannerl schloss die Auseinandersetzung mit einem knappen, verschluckten Lachen ab.

Wolfgang hätte dem Vater erklären können, wie sehr ihn die Aufbrüche, Auftritte und Abreisen verwirrten, die vielen Leute, die ihn streichelten, die so unterschiedlich stanken, als kämen sie aus unterschiedlichen Ställen, die feinen Herren und Damen, die ihn an sich rissen und ihn ihren Herzschlag hören ließen. Dort oder dort oder dort. Nur wenn sie die Grenze in ein anderes Land überschritten, wenn er schleunigst eine andere Sprache lernte, wusste er, wo er sich aufhielt. Dort oder dort. Wo er avec père oder mère et sœur empfangen wurde, dort, wo father, mother, the wonderful Wolfgang and his sister willkommen geheißen wurden, dort wusste er, dass Koblenz hinter ihm lag.

Manchmal, nach Konzerten und nachdem das Publikum sich gedrängt hatte, ihn zu herzen und zu bewundern, musste ihn das Nannerl trösten. Er schlüpfte zu ihr ins Bett, schluchzte ins Kissen und wartete darauf, dass sie auf ihn einredete: Du bist schon einer, Woferl, summte sie die Melodie, die er mochte, du bist schon einer, du spielst das Klavier, dass die Zu-

hörer vor Staunen das Maul aufreißen, komponierst Stücke wie ein Scarlatti, scheißt, wennst was Übles in einer Gesellschaft hast essen müssen, in die Hosen, dass einem der Atem vergeht. Ach du, sagte sie und legte ihren Kopf auf seinen Rücken, und der Schwesternkopf wurde mit der Zeit schwer. Doch er tat gut, presste ihm die Traurigkeit aus dem Leib.
Was wäre, sagte er sich, wenn er weglaufen würde, wenn er verloren ginge in einer großen Stadt und einen Buben spielte, der nicht mehr weiß, wo er sich befindet und wie er heißt. Der jedoch zum Erstaunen seiner Finder Geige und Klavier spielt wie ein Großer.
Sobald wir daheim sind, verspricht der Vater, als ahne er Wolfgangs Phantasie und müsse ihn rasch einfangen, sobald wir daheim sind, Woferl, darfst du mit dem Bölzelgewehr zur Probe schießen. Das Nannerl wird's dir beibringen.
Das Versprechen löste den Knödel nicht auf, den er zwischen Hals und Brust spürte.

Es sei, beschloss der Vater, von Koblenz oder von Mainz, diesen zwei Städten, die nebeneinanderliegen und die Wolfgang deshalb durcheinanderbringe, billiger, mit dem Schiff nach Bonn zu reisen.
Die Fahrt ging mit dem Strom. Während der Reise rannte er von Reling zu Reling und feuerte die Treidelmänner mit ihren Pferden an. Mal wuchsen

hüben die Berge und Felsen, bestückt mit Burgen, mal dehnten sich drüben kleine Städte bis zum Ufer, wo Fischer ihre Boote mit Kisten und Netzen beluden.

Während er die Seiten wechselte, fiel ihm ein, er könnte das Boot zum Schaukeln bringen. Der Vater stellte sich ihm in den Weg, befahl ihm, sich auf eine der Bänke zu setzen, am besten neben seine Schwester, und Ruh zu geben. Er drehte sich aus dem väterlichen Griff, sauste zur Reling, stellte sich breitbeinig auf und bieselte in den Fluss, anstatt, wie es der Vater mit ihm besprochen hatte, in eine bereitgestellte Flasche.

Die väterliche Wut brach über ihn herein wie ein Unwetter. Damit hatte er nicht gerechnet. Aus Vaters Leib wuchsen ungezählte Arme, Schlegel, die auf ihn einprügelten. Er hielt schützend die Arme über den Kopf, machte sich klein, ging in die Hocke. Der Vater hatte es aufgegeben, auf ihn einzureden, er schrie, stieß Laute aus: Du. Duda. Du Falott, du, oh, du.

Wolfgang wurde es heiß, er hätte klagen, schluchzen wollen, um sich zu erleichtern. Er durfte jedoch nicht weinen. So würde er dem Vater nachgeben.

Als sie in Bonn im Gänsemarsch vom Schiff gingen, gefolgt von zwei Dienstmännern, die das Gepäck zum Wagen schleppten, fühlte er sich ausgehöhlt und gleichgültig. Solch eine Musik könnte er spielen, schleppend, mit herausgestreckter Zunge in der Ton-

art Bäh. Das Nannerl nahm ihn an der Hand: An was denkst du, Woferl?
Er bohrte den Zeigefinger in ihre weiche Hand: An nix. An mich. An den Vater.
Sie zog ihre Hand aus seiner. Du tust mir weh.
Ich mir auch, antwortete er.
Sie schaute ihn von der Seite an, schüttelte den Kopf: Jetzt versteh ich dich nicht.
Jetzt? fragte er und lachte.

In Bonn brachte der Kutscher sie in das Gasthaus »Zum goldenen Karpfen«. Sie fuhren wieder am Rhein entlang. Er schaute und schaute auf den Fluss, auf die Schiffe und fragte: Wie wär's, wenn alle Schiffe rückwärtsfahren würden, dorthin, woher wir gekommen sind.
Der Vater verbesserte ihn: Es gibt auch welche, die in Richtung Mainz fahren. Sie fahren flussauf.
Jaja, flussauf- und flussabwärts, vorwärts und rückwärts, mit dem Arsch aufi, mit dem Gesicht abi.
Schluss! Der Vater legte die Hand auf Wolfgangs Mund, und die Mutter drückte ihr Täschchen an die Brust.
In der Wirtsstube wartete ein Bergwerksdirektor, Herr von Zapfenfeld, und seine Anwesenheit – er besprach sich mit dem Vater – brachte Wolfgang ins Grübeln. Er fragte sich, ob es in Bonn oder am Rhein auch ein Bergwerk gäbe.

Herr von Zapfenfeld wünschte ein Konzert in seinem Haus und bot, wie der Vater bemerkte, ein ordentliches Salär, das fürs Weiterkommen nach Brüssel helfe.
Marquise von Trotie, die Herr von Zapfenfeld begleitete, bot sich an, die Familie Mozart durch Bonn zu führen, vor allem durchs Schloss, zu dem sie Zugang habe. Da gab es Betten, so gewaltig wie Rheinschiffe, zu sehen, kostbar geschnitzt, und vor allem ein Bad, das jeden beeindrucken musste, mit einer opulenten Wanne und einem zweigeschossigen Ofen und allerlei Wassergerät, Lavoirs und Krügen.
Die zahllosen Uhren gefielen Wolfgang besonders, sie tickten gegeneinander, hell und dunkel, in Sechzehnteln und Achteln, und sie würden, wenn sie schon das Schloss verlassen hatten, zur selben Stunde schlagen. Das wollte er erleben und bat darum, noch ein Viertelstündchen bleiben zu dürfen. Bis es dreie schlägt. Wieso das? Sie müssten sich auf das Konzert vorbereiten und könnten die Zeit nicht vertrödeln. Er setzte sich auf einen der schönen damastbezogenen Stühle, verschränkte die Arme vor der Brust und bockte. Die Mutter suchte sich auch einen Stuhl und setzte sich. Das Nannerl nahm Platz neben ihr.
Der Vater schaute verblüfft zu und schickte sich. Wolfgang hatte sein Spiel gewonnen. Das Nannerl begann zu summen. Wolfgang fiel summend ein. Der Vater konnte es nicht lassen, mitzusummen.

Ich vertreib ihnen die Zeit, sagte sich Wolfgang. Er tat es so lang, bis die Uhren alle schlugen.
Er rannte von Uhr zu Uhr, aus einem Zimmer ins andere. Jetzt hat uns die Stund geschlagen, rief er, warf die Arme in die Höhe.
Sag das nicht, rief der Vater aus einem andern Saal, sag das nicht, Bub.
Sie wanderten durch den Poppelsdorfer Garten, einen wunderschönen Park, den Nannerl, zu Wolfgangs Entzücken, Popelsdorfer Garten nannte. Popeldorf! Bonn ist ein Popeldorf, stellte er fest.

Nach Brüssel reisten sie über Aachen. Dort wurde er einer schnatternden, aufgeregten Reihe von Menschen vorgeführt, dem Bürgermeister Gahr, Herrn Baron von Gayer, im Rang eines Vogtmajors, dessen Augenbrauen fortwährend versuchten, über die Stirn auf die Glatze zu gelangen; er ist, erklärte ihm der Vater, Repräsentant des Kurfürsten von der Pfalz. Repräsentanten fürchtete Wolfgang, denn sie führten sich wichtiger auf als die wichtigen Herren, die sie vertraten. Er lernte auch kennen den Monsieur Lecann, Musikdirektor von Münster, der es nicht lassen konnte, die Beine im Viervierteltakt durchzudrücken, die Prinzessin von Preußen, Amalie, und ihren Kammerherrn, Baron Rauschblatt, von dem Wolfgang behauptete, er könne Melodien furzen, er habe zugehört, als er auf dem Gang hinter ihm herlief.

Sie wohnten vornehm in zwei Zimmern im »Wilden Mann«. Beim Abendessen in der Gaststube regte sich der Vater nach dem Zahlen über die verschiedenen Währungen und Münzen auf, mit denen er sich demnächst herumschlagen werde, in Köln und Bonn habe die Reichsmünze keine Geltung mehr gehabt, sondern die Fettmännchen seien die Währung gewesen und nun in Aachen die Stüber Bruch und die Mark, in Brüssel dann die Sous und Escalins oder die Brabanter Gulden. Beim Umtauschen verliere das Geld seinen Wert, und bei jeder Einnahme könne er mit einer Abnahme rechnen.
Das Honorar wurde mit Geschenken aufgewogen. Aus Tabatièren könnte er einen Turm bauen, meinte der Vater. Die silbernen Tabakbehälter waren bei Wolfgang mit Geldscheinen oder Naschereien gefüllt. Dazu kam noch eine goldene Uhr, die, weil sie sehr klein war, auf seine Hand passte und die besonders wertvoll sei.
Das Nannerl fand eine silberne Zahnstocherdose besonders hübsch. Die werde ich nicht weiterverschenken, sagte sie, die nehme ich mit nach Haus.
Am Nachmittag vor dem dritten Konzert überrascht ihn der Vater mit der gedruckten Ausgabe seiner zwei Violinsonaten: Da schau an! Er hält das Heft so, dass Wolfgang das Deckblatt sehen kann. Und sei ein bisserl stolz, Bub. Dazu muss man ihn nicht auffordern. Er reckt sich, wächst über sich hinaus, dass ihn die

entzündeten Gelenke schmerzen, und liest: »Sonates pour le Clavecin/Qui peuvent se jouer avec L'Accompagnement de Violon/Dediées/A Madame Victoire de Franze/Par J.G.Wolfgang Mozart de Salzbourg/Agé de sept ans/Oeuvre Première«.
Lies es laut, fordert ihn das Nannerl auf.
Er liest es vor und fällt sich ins Wort: Aber Madame Victoire hätte ich das Büchel nicht gewidmet, Herr Vater.
Und wem denn?
Der Sophie. Sie war ihm die liebste von den vier Königstöchtern.
Findest du sie so lieb?
Nein. Sie spielt am besten Klavier.
Er schaut über die Noten hinweg, und das Blut schießt ihm über den dünnen Hals: Das ist falsch, sagt er.
Der Vater blickt ihm über die Schulter. Wolfgang weiß, dass der Vater ihn verbessern will. Jetzt traut er sich nicht, es zu gestehen.
Hören Sie? Wolfgang setzt sich ans Klavier, schlägt die Noten auf und spielt dem Vater die falsche Stelle herzerweichend falsch vor.
Hören Sie? Als er zum zweiten Mal fragt, springt Quintus aus den Tasten. Er spürt ihn in der hohlen Hand.
Lass es mich versuchen. Der Vater setzt sich, eine angestrengte Falte quer über der Stirn, und legt die Hand auf die Klaviatur.

Wolfgang ruft: Aber so habe ich es nicht komponiert!, und erlaubt Quintus, sich nach Herzenslust auszutoben.

4

Die ganze Reise über fror er. Auf den Schiffen setzte sich die feuchte Kälte in die Kleider, und nirgendwo wurde es ihm warm außer im Bett. Die Gliederschmerzen plagten ihn.
Wenn der November im Sommer käme, sang er.
Wenn ihm danach sei, riet ihm der Vater, könne er mit einer Sinfonie beginnen. Traust du dir das zu, Woferl?
Ja, antwortete er und brachte mit dieser einen Silbe den Vater zum Schweigen. Er hatte ohnehin vor, eine Sinfonie zu komponieren. Bis Paris – das war sein Orakel. Bis ich in Paris bin, muss ich mit dem zweiten Satz fertig sein. Bis ich in Paris bin, werde ich mit meiner zweiten Violinsonate fertig sein. Bis ich in Paris bin, kann ich einen Punsch trinken, ohne dass sich mir der Kopf dreht.

Aus Brüssel hatten sie einen Berg von Geschenken mitgenommen. Nützliche und scheußliche. Besonders das Nannerl wurde von ihren Verehrern mit lauter Andenken bedacht. Mit Spitzen, Brüsseler Spitzen, beschenkte sie der Erzbischof, ein halbes Dutzend Mäntel und Jacken konnte sie stapeln. Dabei fror er und nicht sie! Die zwei Degen, die ihm von einem Edelmann verehrt wurden, konnten ihn vor der Kälte nicht schützen, und die Tabatièren durfte er nicht füllen und nicht benützen. Die Münzen darin wurden ihm vom Vater gleich abgenommen.

Die Fahrt nach Paris verschlief er mehr oder weniger. Der Vater trug ihn aus der Kutsche ins Bett, blies ihm seinen Atem über die Stirn und fragte: Du wirst mir hoffentlich nicht krank werden, Woferl. Doch er kam hellwach in Paris an und probierte im Gespräch mit Nannerl gleich die ersten Sätze in Französisch aus. Sie fragte ihn, auf Deutsch, ob er sich an das Konzert in Brüssel erinnere.
In Brüssel?
Ja, für den Prinzen Carl.
Der ist mir ein Schmarl.
Jetzt spinnst du aus Verlegenheit, Woferl.
Ich nicht, weil ich nicht in Brüssel konzertiert hab.
Ganz wach bist du jedenfalls nicht gewesen.
Oder hab ich in Brüssel geträumt?
Das muss es sein, Woferl, mischte sich nun Vater Leopold ein.
Jetzt bin ich nicht in Brüssel, sondern in Versailles, in Paris.

Aber gut hast du gespielt, tröstete die Mutter.
Besser als das Nannerl.
Nein, du hast dich nicht angestrengt, sagte der Vater. Säße er am Klavier, er würde ihm den Quintus in die Hosen schicken.

Für den nächsten Tag sind sie ins Schloss bestellt. Madame Pompadour, nicht der König, verlange, sie kennenzulernen. Vaters Beziehungen und der Ruf seiner Kinder sorgten für eine noble Unterkunft im »Hôtel de Beauvais«. Es war kein Hotel, sondern der Wohnsitz des österreichischen Gesandten, Graf von Eyck. Als Diplomat durfte er sich ein verbotenes Vergnügen leisten, nämlich eine geheime Spielbank. Vater Leopold, die furchtbare Spielratz, wie seine Frau klagte, hielt sich nicht selten dort auf und verjuxte die Gagen seiner Kinder.

Die Kutsche nach Versailles mussten sie selber mieten, zum Verdruss des plötzlich wieder streng rechnenden Vaters. Im Schloss wurden sie von einer Schar von Dienern, Zofen, Lakaien in besonders herrschaftlichen Livrées weitergereicht. Im Empfangssaal wurde ihr Name ausgerufen, damit die dicke alte Frau, die Madame Pompadour, auch wisse, wen sie empfange. Das Winterlicht drang milchig durch die großen Fenster, und später hatten sie den Eindruck, als hätte es sich ihnen auf Lippen und Gaumen gelegt.

Der Vater hatte ihnen vor dem Besuch erklärt, um welche wichtige Person es sich bei der Madame Pompadour handle. Sie sei zwar nicht die Gemahlin von König Ludwig dem Sechzehnten, aber sie lebe schon lange an seiner Seite, eine Mätresse, sagte er rasch und verschluckte sich dabei, so nennt man das.
Also keine richtige Königin, stellte das Nannerl fest.
Aber so mächtig wie eine Königin.
Das zeigte sie auch. Sie ließ sie auf Stühlen Platz nehmen, winkte Wolfgang zu sich, befahl einem Lakaien, das Kind auf den Tisch zu stellen. Sie umkreiste den Tisch und ließ Wolfgang nicht aus den Augen, betrachtete ihn wie eine wertvolle Beute. Als sie sich zu ihm neigte, wollte er wiederholen, was er bei Maria Theresia erprobt hatte: der königlichen Madame ein Bussi geben.
Sie schob ihn entsetzt von sich. Lass das! sagte sie.
Das konnte er nicht einsehen. Er stampfte mit dem Schuh auf die feinpolierte Tischplatte und rief: Wer ist die da, dass die mich nicht küssen will? Mich hat eine Kaiserin geküsst.
Die Dame starrte ihn fassungslos an, und ein Lakai hob ihn rasch von seinem Platz hinunter auf den Boden.
Er solle wenigstens eine Probe seines Könnens abgeben. Ab ans Klavier!
Sie gab ihm die Chance, sich mit seinem Quintus zu rächen. Voller Wut spielte er ein paar Läufe, lockte

den Quintus aus den Tasten und schickte ihn unter die Perücke der gnädigen Frau.
Sie setzte sich, um ihm zuzuhören. Nun folgte er einem seiner Einfälle, variierte und spürte einen leisen Triumph. Er habe wunderbar gespielt, lobte ihn hernach das Nannerl.
Madame konnte nicht zuhören, wurde abgelenkt. Immer wieder riss sie die Augenbrauen hoch, runzelte die Stirn, schüttelte den Kopf, schlug sich auf die Haare. Quintus tat seine Wirkung. Die Diener, die in strenger Reihe an den Wänden entlang standen, begannen die Hände vor den Mund zu legen und einige Zofen wagten es zu kichern. Madame riss an dem künstlichen Haarschopf, drückte ihn in Falten. Dabei schnaufte sie. Bravo! rief sie, sprang auf, applaudierte kurz, teilte Vater Leopold mit, dass er samt seiner Familie entlassen sei. Dann rannte sie hinaus. Wolfgang war sicher, dass sie sich noch vor der Tür die Perücke vom Kopf reißen würde.
Er habe sich schlecht benommen. Er könne nicht erwarten, dass er jede Dame wie die Kaiserin küssen dürfe. Was ihm überhaupt einfalle.
Und jede Mätresse, fügte Wolfgang hinzu, das neue und ungewöhnliche Wort auskostend.

In Paris wurde alles mit Louisdor berechnet. Das brachte den Vater an einem Abend wieder zu einer Abhandlung über Geld und Währungen, doch lobte er die Franzosen, die für den Wein so gut wie nichts verlangten, sodass man hier mit zwei Flaschen Wein und gutem Brot ohne allzu große Ausgaben durchkäme. Das Wasser hingegen stinke und sei teuer, also sei es stinkteuer. Ein paar Wasserträger hätten die Erlaubnis, es aus der Seine zu schöpfen und den Bürgern als Trinkwasser anzubieten. Wolfgang zog Wein, wenn auch verdünnt mit Seinewasser, vor.

Paris begann an den Rändern wie ein Dorf, mit kleinen Häusern, ärmlichen Straßen, aber ohne ein Stadttor und Wachen, doch nach diesen kümmerlichen Anfängen entfaltete sich die Stadt. Die Häuser wuchsen mit mächtigen, geschmückten Fassaden in den Himmel, die Straßen wurden breiter und führten zu runden, weiten Plätzen, umsäumt von Gärten und Parks.

In Versailles wurde das Weihnachtsfest gefeiert. In Brüssel hatten sie noch daran gedacht, und Wolfgang hatte sich auf eine ordentliche Mahlzeit und eine Handvoll Naschereien gefreut. Unterwegs hielt der Frost ihre Gedanken besetzt, und die Vorfreude regte sich nicht. Bis sie im Hotel hörten, der König lade zu einer öffentlichen Mahlzeit ein. Eine Kutsche, in der erhitzte Steine sie wärmten, brachte sie zum Schloss. Einen Tag zuvor hatte die Madame Pompadour sie dort empfangen. Nun saßen sie mit Ludwig XVI. und Königin Marie Antoinette an einer Tafel, und Wolf-

gang durfte der Tischherr der Königin sein. Sie unterhielten sich blendend. Sie sprach Deutsch und entpuppte sich als Tochter der Kaiserin Maria Theresia. Sie erzählte von ihrer Mama. Auch er erzählte von ihr, wie er sie gebusselt habe, und unterließ es, auf seinen Zorn über die Madame Pompeldur zu kommen, denn er könnte die Königin womöglich verärgern.
Ob ihn das Reisen nicht ermüde? fragte sie, die vielen Konzerte nacheinander?
Ob es sie nicht ermüde, immer Königin sein zu müssen? fragte er. Und die beiden lachten so laut und so herzlich, dass sie die Blicke aller am Tisch auf sich zogen.
Am Nachmittag spielte er in der königlichen Kapelle, einem Wunderbau aus Gold, Statuen, Gemälden und hellem Stein, anderthalb Stunden Orgel und entzückte seine Zuhörer. So klein und schon so groß, hörte er eine Madame sagen. Nicht die Pompeldur. Er erinnert sich, wie der Vater ihm kurz vor Mannheim, als der Postkutsche ein Rad brach, in der einstündigen Pause die Funktion der Pedale erklärt hatte und verwundert war über die »Auffassungsgabe« seines sechsjährigen Sohns. Jetzt war der Vater in die Verwaltung bestellt, zu »Les Menus Plaisirs du Roi«, die nichts mit einem vergnügten Essen zu tun hat, vielmehr mit der Gage. Sie war, fand selbst der Vater, mit 50 Louisdors recht großzügig ausgefallen.

5

Er friert am Tag. Er friert in der Nacht.
Die Schmerzen reißen an seinen Gliedern.
Der dünne Bub, sagt die Mutter.
Der Zitterer, sagt voller Mitleid der Wirt.
Du Schnäderer, spottet das Nannerl.
Nicht dass du mir krank wirst, fordert der Vater.
Was soll er ihm krank werden, fragt sich Wolfgang, wenn er schon für sich krank ist.
Die Königin Marie Antoinette schenkt ihm ein Wams, gesteppt und gefüttert, und vergisst ganz, dass er der Mozart ist. Armes Kind, seufzt sie.
Er könnte ein Kind sein. Er muss aber der Mozart bleiben. Für dieses und für alle Konzerte.
Sein Vater hat viel mit ihm vor. Auch mit dem Nannerl. Mehr noch mit ihm.
Wir sollten uns auf England vorbereiten, hört er den Vater sagen.
Sein Mund füllt sich mit einem galligen, dicken Nein.
Nein, hört ihn der Vater sagen und fährt überrascht zusammen.

Bist du das gewesen? fragt er.
Ich bin's noch immer, sagt Wolfgang mit verstellter Stimme. Gnagflow Trazom.
Monsieur Trazom, spricht ihn der Vater an und lässt das Z zu einem langen und gefährlich summenden S werden. Monsieur Trazom haben also keine Lust weiterzureisen?
Nein.
Aus dem Vater dröhnt ein wölfisches Knurren: Du wirst's schon sehen.
Was werde ich sehen? fragt er.
England, ruft das Nannerl, England.
Was fällt dir ein, dich gegen unsere Pläne zu wehren? fragt der Vater.
Es ist nicht mein Plan, sagt das Kind leise, senkt den Kopf und erwartet die väterliche Wut.
Wir können dem englischen König nicht absagen.
Warum nicht?
Weil er ein König ist.
Aber ich bin der Mozart.
Ich hab dich zu dem gemacht, vergiss es nicht.
Wo du schon mein Vater bist.
Vergiss es nicht.
Aber mich friert den ganzen Tag.
Der arme Bub, seufzt die Mutter.
Und ich, fragt das Nannerl, warum friert's mich nicht?
Weil du ein dickes Mädel bist, sagt Wolfgang und

zieht den Kopf ein. Ich möcht, dass wir nach Haus fahren.
Dort wartet der Fürstbischof auf uns.
Der nicht, sagt er, der nicht, der Arsch.
Du wirst also reisen. Der Vater drückt ihn in den Sessel, der zu groß ist für ihn und in dem er liegen kann wie in einem Bett.
Du reist mit uns nach England, befiehlt er. Die Mutter nickt ihm zu. Das Nannerl nickt ihm zu.
Er kaut das dicke Nein hinunter und antwortet mit verstopftem Schlund: Ja, Papa.

6

Für die Reise nach Calais engagierte der Vater zwei Diener, oder genauer, einen Diener mit seinem Diener, Herrn Porta, den langen und redseligen, und Herrn Pinzel, den kurzen und mürrischen. Wolfgang wurde von beiden mit Respekt behandelt, als das berühmte Kind. Porta dirigierte die Chaise vom Kutschbock aus, und Pinzel ritt auf einem der beiden Zugpferde. Unterwegs rechnete der Vater, wie viel Louisdors der Spaß ihn kosten werde. Er übertrieb, fand Wolfgang, als er meinte, es sei am gescheitesten, das französische Geld hinauszufeuern, denn auf der Insel gäbe es eine andere Währung, und Pfund und Schilling würden ihnen nicht geschenkt.

Das Schiff, das Herr Porta für sie gemietet hatte, war kleiner als die anderen, die im Hafen lagen und mit den kurzen Wellen im gleichen Rhythmus schaukelten. Es fasste nur zehn Betten für elf Personen, also ein Bett müsse für die Kinder reichen. Der Kapitän habe sein Vertrauen, versicherte Porta. Er und Pinzel

begleiteten sie über den Kanal bis Dover, das verlange der Kontrakt von ihnen.
Auf hoher See segelte der Kapitän in bester Laune gegen den Wind, und das Schiff verwandelte sich bald in einen Speikübel, wie der Vater, zwischen zwei Schüben, die aus ihm herausbrachen, stöhnend feststellte. Wolfgang hielt sich am Nannerl fest, das Nannerl an ihm, hätten sie das Gleichgewicht verloren, wären sie zusammen über die Reling gestürzt. Herr Pinzel jedoch, der nicht von dem widerwärtigen Seeleiden ergriffen war, hielt sie fest. Erschöpft krochen die Kinder in die Koje, die ihnen von einem Matrosen zugewiesen worden war. Du riechst sauer, sagte er zu Nannerl, als er unter die Decke kroch. Du auch, antwortete das Nannerl. Er schlief ein, bevor ihm eine witzige Antwort einfallen konnte, und er wachte daran auf, dass das Nannerl über ihm lag, halb aus dem Bett, und in eine Schüssel spie. Gleich wurde auch ihm wieder übel. Herr Porta, der an ihrer Koje vorbeischlingerte, nickte aufmunternd und sagte: Bis wir England erreicht haben, seid ihr innerlich gereinigt.
Aber stinken werden wir, röchelte das Nannerl, wie krepierte Fisch.
In Dover mussten sie, zu Mutters Schrecken, in ein kleines Hafenboot umsteigen. Herr Porta entschuldigte sich beim Vater für diese Prozedur, als hätte er sie erfunden. Am Kai wartete eine Kutsche. Sie glich

der in Calais. Herr Porta nahm seinen Platz auf dem Bock ein, und Herr Pinzel schwang sich aufs Pferd.

London empfing sie anders als Paris. Es duckte sich nicht dörflich an den Rändern, sondern wuchs steinern hoch, warf Schatten, versprach Regen und Nebel – es wimmelte in den Straßen, Menschen waren unterwegs, Händler und Ausrufer, streunende Kinder und Kinder in Begleitung von Nurses, Kolonnen von Droschken. Vor manchen Häusern gingen Männer in Livrée auf und ab, Türsteher, Wärter.
Sie fuhren eine Runde um den Soho Square und bogen in die Thrift Street ein. Vor einem Haus, das von keinem Wächter gehütet wurde, auffällig für sich stand, hell, mit einem schmalen Vorgarten und einem grüngestrichenen Zaun, hielt der Wagen an. Sie waren vor ihrer Londoner Wohnung angekommen. Eine Frau in dickem, schwarzem, schwerem Kleid und mit einem roten Hut auf dem Kopf stand in der Tür, wie ausgestopft. Wolfgang umkreiste sie und hoffte, dass sie lebendig sei. Sie verfolgte ihn mit Blicken, drehte den Kopf und lachte aus voller, mächtiger Brust. Misses Blackmouth, stellte sie sich vor, haschte nach Wolfgang und drückte ihn an sich. Pinzel, der vom Pferd gerutscht war wie ein Äffchen, erklärte, was der Name auf Deutsch bedeute: Frau Schwarzmaul. Sie werde für die Familie und ihr Wohlbefinden sorgen, vor allem für den bekannten Master Wolfgang.

Ob er es sei? fragte sie und deutete auf den Kopf des Buben. Ja, der ist's, bestätigte Vater Leopold, und von nun an rief er in den Londoner Wochen seinen Jüngsten »Master Wolfgang«.

Frau Schwarzmaul bewirtete sie mit dampfendem Tee und dünn mit Butter bestrichenen Broten.

Sie richteten sich ein. Er und das Nannerl hatten ihre Zimmer unter dem Dach. Das hölzerne Bett konnte er gleichsam bewohnen, er passte gut dreimal hinein. Unten in der ersten Etage standen, wie bestellt, zwei Schemel vor einem, wie Vater Leopold befand, tauglichen Klavier. Er und das Nannerl setzten sich nebeneinander und spielten gemeinsam. Ihm gefielen die Fragen und Antworten, die sie sich zuspielten, so sehr, dass er sich vornahm, eine Phantasie für vier Hände zu komponieren.

Den ganzen ersten Tag über waren Vater und Herr Porta unterwegs. Sie meldeten die Mozarts an bei dem Botschafter von Eyck, der sich mit dem Königshaus in Verbindung setzen sollte, und beim Londoner Publikum – es wurden Anzeigen aufgegeben.

Der Tageslauf wurde Wolfgang vom Vater vorgeschrieben. Vormittags zwei Stunden am Klavier und das Studium von wichtigen Konzerten und Opern großer Meister. Nach dem Mittagessen Konversation auf Englisch mit Herrn Porta, der unversehens als Mister Porta auftrat. Misses Schwarzmaul mischte sich mehr und mehr ins Gespräch.

Abends schrieb der Vater einen seiner langen Erzählbriefe an den Salzburger Freund Hagenauer. Er klappte den Sekretär auf, öffnete die hölzerne Schatulle, in der er die Schreibfeder aufbewahrte, und hielt das Tintenfass gegen das Licht. Das Nannerl tat es dem Vater nach und schrieb mit schwingendem Federkiel und kreisender Zunge Erfahrungen in ihr Tagebuch, die sie Wolfgang nach dem Frühstück vorlas. Zum Beispiel, was sie im Zoologischen Garten in St. James entdeckt hatte, einen jungen Elefanten und einen Esel, dessen Fell in weiße und braune Striche geteilt war. Das sei ein Zebra, belehrte sie Herr Porta.
Am 26. April, einen Tag vor dem Konzert bei König Georg III. und Königin Sophie, verbrannte sich Wolfgang den Zeigefinger an der rechten Hand. Er hatte mit einer Kerzenflamme gespielt, den Finger rasch durchgezogen und am Ende die Flamme zwischen den Fingern ausgedrückt, sodass Wachs an der Kuppe hängen blieb. Die Haut zog sich zu einer schmerzenden Blase zusammen. Als der Vater ihn ans Klavier bat, weigerte er sich und hob entschuldigend seinen Finger hoch. Was den Vater erschreckte und in Rage versetzte: Woferl, Master Wolfgang, wir sind vom englischen König eingeladen zu einem Konzert, dem hochstehende Personen des Empires beiwohnen werden, und du zündelst, du Tropf zündelst! Was ist in dich gefahren, frag ich dich?

Weiß er es? Er steckte die verletzte Hand in die Tasche, denn er fürchtete, der Vater könnte die Blase ausdrücken. Weiß er es, warum er sich den Finger verbrannt hat? Er konnte es sich nicht erklären. Er hatte gespielt, mit der Gefahr gespielt. Vielleicht hatte er den Vater ärgern wollen.
Er setzte sich neben das Nannerl und sagte: Ich lass halt den Finger aus.
Das kann er nicht, rief der Vater.
Das kann er! Die andern Finger springen für den einen ein, sind schneller, als das Nannerl hinsehen kann. Über Nacht fatsch ich dir den Finger ein, tröstete die Mutter. Und Frau Schwarzmaul staunte über »devil's child«, wie sie den Buben nannte, den Teufelskerl, der mit einem verbrannten Finger, einem Finger weniger an einer Hand, so Klavier spielen kann, dass der König gar nichts merken wird und nicht einmal Bachs Sohn, Johann Christian, der die Kinder nach dem Konzert im Buckingham Palace zu sich einlud, mit ihnen musizierte und Wolfgang danach erlaubte, eine Sinfonie zu kopieren.

Es reizte ihn, die Einfälle Bachs weiterzutreiben, sich einzuprägen, bis sie ihm so nahe waren, dass er sie den seinen hinzufügen konnte. Er könnte den vorgegebenen Mustern eine andere Färbung verleihen, Es-Dur, und es könnte seine erste Sinfonie werden. Geschrieben mit vier Fingern! Das Nannerl durfte ihm über die Schulter schauen, der Vater hielt sich zurück, obwohl er auf die erste Sinfonie von Master Wolfgang scharf war, doch der Bub hatte ihn geärgert, und er könnte, wenn sie miteinander redeten, die Fassung verlieren.

Nach Buckingham Palace wurden sie in einer Kutsche abgeholt, über deren enge und missratene Form der Vater sich gar nicht beruhigen konnte. A Kobel! rief er ein ums andere Mal aus, nix Vornehmes, nix Königliches, ein flacher Kasten, dessen Dach sie die Köpfe neigen ließ, sodass sie aussahen wie eine Gesellschaft von Schuldigen. Und sie alle fein angezogen, geschmückt für die Majestäten.

Sie drängten sich in die Kutsche, auch Herr Porta war dabei. Er war vom Vater zum Diener bestimmt. Wolfgang senkte den Kopf und starrte auf seine Schuhspitzen und spürte, wie sein ganzer Körper wehtat. Das Gliederreißen, das ihn plagte, seit er unterwegs war, hörte nicht auf. Gegen die Enge, gegen alles, was ihn hemmte und einkreiste, gegen alle ließ er einen fahren.
Das Woferl stinkt wie Aas, murmelte das Nannerl, das ein wenig von ihm abrückte. Sie wollte nicht petzen, aber der Gestank war viel zu arg, sodass sie schließlich, noch leiser, bemerkte: Vielleicht hat er in die Hos geschissen.

Nein, sagte er.
Was ist? fragte der Vater.
Bitte, streitets euch nicht, sagte die Mutter.
Nein, das nicht, fand auch das Nannerl.
Damit sie sich nicht redend ineinander verhakelten, begann er zu singen, ein Thema aus einer von Johann Christian Bachs Sonaten für Klavier, Violine, Cello und Traversflöte.
Das nicht, unterbrach ihn der Vater. Heute Abend spielt ihr deine Violinsonate und du den Hummel.
Wolfgang nickte. Jaja, Himmel, Hammel, Hummel.
Ich bitte dich. Der Vater rutschte auf der Bank nach vorn, sodass seine Knie gegen die von Wolfgang stießen.
Jetzt, wenn er die Hände aufeinanderlegte und sich ganz auf sein Spiel konzentrierte, hatte er das Gefühl, ein Klavier komme ihm entgegen, ein Klavier aus Tönen und Luft.
Herr Porta half ihnen aus der Kutsche, die in einem weiten Bogen über den Hof bis zum Treppenaufgang fuhr. Er übergab die Familie gleichsam dem Obersthofmeister und eilte mit kurzen Schritten ans Ende der Reihe, erst die Eltern, dann die Kinder, dann der Diener.
Im Buckingham Palace sei ihm alles bescheidener vorgekommen, erzählte er später, aber ihm sei wärmer gewesen als in Versailles, da habe er alleweil frösteln müssen.

Der König und die Königin sprachen, was Wolfgang nicht erwartete, Deutsch. Er hatte ein paar höfliche Sätze für sich zurechtgelegt. Nun konnte er plaudern. Die beiden anwesenden Prinzen konnten der Unterhaltung allerdings nicht folgen. Er wurde den Damen und Herren vorgestellt. Ein beweglicher älterer Herr bemühte sich, den meisten zuvorzukommen, und drängte sich zu ihm. Er sei der Hofkomponist von König Georg. Er habe viel von ihm gehört, versicherte Wolfgang, und kenne manche Kompositionen von ihm. Er sei also so etwas wie dem Joseph sein Salieri. Jaja, lachte Herr Bach.
Als er sich ans Klavier setzte, stellte sich der Quintus ein. Mit Vater hatte er noch eine Rechnung offen. Ihm könnte er mit dem Quintus, grübelte er, weil er ihn doch so geplagt hat, ihm könnte er mit dem Quintus den Abend verhageln.
Meistens, zu Beginn eines Konzerts oder an seinem Ende, setzte sich Vater Leopold ans Klavier, spielte ein Thema, das Wolfgang zu übernehmen und auszuführen hatte. Womit er jedes Mal großes Erstaunen hervorrief.
Da könnte der Quintus dem fehlerlosen Vater in die Finger fahren. Er musste ihn erst gar nicht aus der Klaviatur fortschicken. So, wie er es sich ausdachte, nutzte Quintus schließlich seine Chance: Der Vater nahm Platz, nachdem er sich verbeugt und auf seinen Sohn gedeutet hatte, und begann, um Johann Chris-

tian Bach zu erfreuen, mit einem Thema aus dessen Klavierstücken.
Gravitätisch setzte er ein.
Ein falscher Ton springt aus der Klaviatur.
Fis! ruft Bach.
Vater Leopold nickt beflissen und wiederholt, schüttelt schließlich den Kopf, wendet sich an Wolfgang: Spiel dir selbst dein Thema.
Der setzt sich und spielt tadellos und variiert nach Herzenslust, nachdem er dem Vater eins ausgewischt hat.
Bravo! klatscht König Georg in die Hände.
Bach stellt sich neben den Buben und fährt ihm mit der Hand über die Perücke: Ausgezeichnet, kleiner Mann.

Königin Charlotte Sophie versprach der Familie, sie bald wieder einzuladen, und riet Vater Leopold, die geplanten Konzerte für das Londoner Publikum im Public Advertiser anzuzeigen. Da der Vater mit den Einnahmen an Guineas nicht zufrieden war, standen die Annoncen fast jede Woche in der Zeitung, und das Nannerl las sie mit gespitzten Lippen auf Englisch vor, als wäre sie eine der Hofdamen im Buckingham Palace: At the Great Room in Spring Garden, near St. James Parc, Tuesday, June 5, at twelve o'clock, will be performed a grand concert of vocal and instrumental music. For the benefit of Miss Mozart of eleven and

Master Mozart of seven years of age, prodigies of nature. Everybody will be struck with admiration to hear them.

Einmal mussten sie das Konzert verschieben. Ein Diener, nicht Signore Porta, hatte ein Paket mit achthundert Eintrittskarten verschlampt, verloren, und der Vater musste sie nachdrucken lassen. Noch eine Ausgabe mehr.
Die Saalmieten drückten ihn und die Klaviermieten ebenso – für die zweimanualigen Klaviere doppelt so viel als für die einmanualigen.

Manchmal durfte Wolfgang mit dem Nannerl vors Haus, auf die Gasse. Aber die Kinder draußen wichen vor ihnen zurück. Die können uns nicht leiden, sagte er traurig; das Nannerl verbesserte ihn: Nein, die fürchten sich vor uns, weil wir fremd sind.
Er kam ohnehin nicht dazu, einen Freund oder einen Spielkameraden zu finden. Nach dem zweiten Konzert für den König und die Königin hielt ihn der Vater an, der Königin ein paar hübsche Kompositionen zu widmen. Es wäre, erklärte er, dein Opus drei. Wolfgang erinnerte sich an Bachs Klaviersonaten, und er musste sich nicht um gute Einfälle anstrengen: Sechs Klaviersonaten widmete er Ihrer Majestät Charlotte, und das Nannerl durfte sie gleich zur Probe spielen.

Frau Blackmouth konnte nicht begreifen, dass die Kinder ständig auftreten mussten, sogar noch bei Hofe. Hin und wieder gelang es ihr, die strengen väterlichen Regeln zu durchbrechen, an Sonntagen, wenn nach dem Kirchgang etwas freie Zeit blieb. Dann lud sie die Kinder zu einer Bootsfahrt auf der Themse ein. Wolfgang konnte sich austoben. Er stellte sich in dem schaukelnden Kahn auf, grüßte nach allen Seiten, verbeugte sich, schnitt Gesichter, hielt sich fest an Frau Blackmouth, die ihn, wenn er's zu toll trieb, schüttelte und lachend in die Arme nahm. Er drehte sich um seine eigene Achse, wobei der Vater ihn immerfort bat: Lass es bleiben, Woferl, lass es bleiben. Er gab zur Antwort: Rechts und links London, vorn und hinten London, London hinten und vorn. Er möchte die Stadt wegschreiben, fortwünschen, hat keine Lust mehr, zu konzertieren, Vaters Aufträge auszuführen, mit dem Nannerl zusammengesperrt zu sein. Angeglotzt zu werden. Gestreichelt zu werden. Höflich zu sein. Nachdenklich zu sein. Einfälle zu haben. Jetzt, Master Wolfgang, kommt dein Auftritt. Jetzt und jetzt.

Die große Stadt zerrte an ihren Kräften und machte den Vater müde und krank. Er verlor die Lust, einzuladen, Karten zu bestellen, mit dem Königspalast zu verhandeln, er fieberte und machte der Mutter Sorgen. Frau Schwarzmaul rief den Doktor, der den

Vater untersuchte, eine Verkühlung feststellte, die sehr typisch sei für die Stadt, eine Art Herbstausbruch, der dem Körper zusetze. Der Hals färbte sich rot, und das Fieber stieg. Die Kinder hörten entsetzt, wie der Vater klagte. Das waren sie nicht von ihm gewöhnt. Sonst befahl er, plante oder schimpfte mit sich selber und ihnen. Um der Londoner Luft zu entkommen, beschlossen sie, beraten von Frau Blackmouth und unterstützt von der Mutter, nach Chelsea zu ziehen, vor die Stadt, ins Grüne. Der Arzt empfahl einen Kollegen dort und gab Mittel zum Halsspülen, gegen das Fieber und gegen die Schwäche mit. Die Wohnung in Chelsea war eng. Sie rückten eingeschüchtert zusammen. Wolfgang hörte, wie der Vater nachts aufwachte, stöhnte, nach der Mutter rief, die in die Küche lief und dort eine Brühe wärmte. Der Vater leide an Bauchweh, erklärte sie. Wie immer half ihm das Schwarze Pulver, das er sich in seiner Salzburger Apotheke hatte mischen lassen und das auch Wolfgang und Nannerl schon hatten schlucken dürfen, bei Unwohlsein, bei Fieber und Verkühlungen.

Den Aufenthalt in England wertete die Familie als Erfolg mit einem traurigen Schlusspunkt in Chelsea. Wolfgang brachte trotzdem seine Es-Dur-Sinfonie zu Ende.

7

Nach Haus! Er jubelte und schlief auf dem Schiff erschöpft ein. Er träumte von dem letzten Konzert, das sie in London gegeben hatten, auf Einladung eines Mister Thudy, der einen der besten und teuersten Flügel Britanniens besaß und wissen wollte, wie er sich unter den Wunderhänden von Master Wolfgang anhörte. Der aufgeregte Mister Thudy versetzte ihn in derartiges Lampenfieber, dass er Nannerl bat, auf dem ungewöhnlichen Instrument zu spielen, und er, sie zu begleiten, das zweite Klavier wählte. Sie hätten Wunder getan, meinte Mister Thudy am Ende in seiner Dankrede.

Der Vater versuchte, Wolfgangs und Nannerls Heimweh zu lindern, indem er mit ihnen Sehenswürdigkeiten in den Städten besuchte, durch die sie auf der Rückfahrt reisten. Sie besichtigten die Häfen von Dover, Calais und Dünkirchen, schauten in Lille in ein weithin bekanntes Unterhaltungslokal, »La Nouvelle Aventure«, dessen Musik Wolfgang missfiel, und wanderten zum Ausgleich durch das Kloster de Marquette, staunten über die prächtigen Säle. In Gent stiegen sie 446 Stufen hoch auf den Rathausturm, blickten auf die alte Stadt, und Wolfgang roch in der Luft Bier und Palatschinken.

Das Jahr 1766 sollte nach den Plänen des Vaters, der sich mit Signore Porta abends beriet, in Holland beginnen. Es sollten Anzeigen in den großen Zeitungen erscheinen, in Amsterdam und in Utrecht. In Haag stiegen sie im Hotel »La Ville de Paris« ab, das der Vater die ganze Zeit über mit anderen, bei weitem angeseheneren Häusern tauschen wollte, in dem sie sich aber aus einem schlimmen Grund festsetzten: Das Nannerl wurde krank, es konnte kaum mehr atmen, klagte und zeterte über Leibschmerzen, krümmte sich. Es sah so aus, als sei die Verkühlung des Vaters auf sie übergesprungen. Was immer sie auch aß, erbrach sie. Das schwächte sie derart, dass sie kaum mehr sprechen konnte. Der Wirt ließ einen Arzt rufen, Doktor Levie Heymanns, einen spillerigen Herrn, der sich wie ein Tänzer bewegte und den Wolfgang, um die Schwester zu erheitern, nachäffte, bis die Mutter ihn aus dem Zimmer scheuchte: Du dummer Bub, kannst du dir nicht denken, dass dem Nannerl das Lachen wehtut?
Aber ich möchte, dass sie wieder gesund ist.
Ihretwegen hat der Vater ein Konzert absagen müssen.

Sie hat Lungenentzündung und Typhus.
Mit den Rezepten, die die Ärzte aufschrieben – es ist nun ein zweiter hinzugekommen, ein deutscher, Herr Doktor Schenke –, lief der Vater, begleitet vom Wolfgang, zum Apotheker. Der Bub behielt alle Namen und Bezeichnungen im Kopf wie einen Arientext: Karthäuserpulver, gepulverte Chinarinde, Zitronenschalenwasser, Meerzwiebelhonig, Eppich, Spargel, Fenchel, Petersilie und Mäusedorn, »die eröffnenden Wurzeln«.
Nichts half.
Die entweder duftenden oder stinkenden Kräuter öffneten die Bronchien nicht und linderten nicht den Bauchschmerz. Die Magenkrämpfe und der Durchfall ließen nicht nach. Nannerl wurde dünner, schwächer. Wolfgang schlich sich immer wieder an ihr Bett, suchte ihre Nähe, obwohl ihn die Mutter hinausschickte. Er hatte Angst um die Schwester. Er brauchte sie. Er brauchte sie nicht nur neben sich am Klavier. Er brauchte sie, sagte er sich, zum Leben.
Lach mal, Nannerl.
Geh hinaus, Woferl.
Sie könnte sterben.
Was heißt das: die Letzte Ölung?
Es sind die Sakramente vor dem Tod.
Sie könnte sterben.
Im Oktober 1765 ist sie beinahe gestorben, und der Priester hatte Wolfgang erklärt, was unter Letzter

Ölung zu verstehen ist. Er könnte ein Requiem komponieren. Aber weil Nannerl nicht starb, komponierte er noch keines.

Im Januar traten sie wieder auf, ein Tonkünstler von sieben Jahren und seine Schwester von elf Jahren, konnten sie in einer Zeitung lesen, was nicht stimmte, sie waren der Zeitung voraus: Er war mittlerweile neun und das Nannerl vierzehn. Die Schwester spielte, hielt sich streng an die Noten. Er improvisierte, ein Teufelskerl, bewundert und gehätschelt.

In Lyon gastierten sie, in Lyon wird Seide hergestellt, berühmt mit dem Namen der Stadt, und hier ließ der erleichterte Vater für das Nannerl ein Kleid schneidern, wunderschön, aus edler Lyoner Seide.

Sogar im Sommer friert er, nachts in der Kutsche, erschöpft und müde. Er schrumpft, sieht der Vater mit Schrecken, das Bürschel isst zu wenig, meint er, dem Woferl wird das Reisen zu viel, findet die Schwester. Aber, bitte, noch einmal Paris, Genf und Zürich – da will er schon nicht mehr wissen, in welcher Stadt sie ankommen, welche sie verlassen.

Immer wurden sie aufgehalten, immer mussten sie länger bleiben, als es der Vater plante. Erst in Genf, dann in Lausanne, wo sie von einem Diener des Prin-

zen Ludwig von Württemberg abgefangen wurden, der sie im Auftrag seines Herrn bat, doch fünf Tage dazuzugeben und wenigstens zweimal zu musizieren. Er versprach eine ordentliche Gage. Sie bezogen die empfohlenen Zimmer im Gasthaus »Scherer«. Wolfgang weigerte sich: Warum fahren wir nicht heim? Er könnte klagen, dem Vater gestehen, dass sein Rücken und seine Glieder schmerzten, nachts im Bett krampften und steif wurden und dass die Fahrten ihn quälten, doch der Vater würde ihn zurechtweisen und auf den letzten Einnahmen unterwegs bestehen. Einmal, als er vor lauter Schmerzen nicht einschlafen konnte, dachte er sich aus, dass die Gicht seine Finger steif machen und der Vater blöd schauen würde. Er empfand die Müdigkeit schon wie einen Zustand: Sein Bewusstsein schien ausgehöhlt, trotz der Gliederschmerzen kam es ihm vor, als ob er schwebe.
Reiß dich zusammen, Woferl. Der Vater gab ihm einen Stoß.
Wenn Sie es verlangen, Herr Papa.
In die Wirtsstube begleitete er die Eltern gern, dort wurde geredet, dort erfuhr er das Neueste, dort wurde er gelobt, das Nannerl auch, dort bekam er ohne Pflichten zu essen und zu trinken. Der Prinz von Württemberg lachte gern und war freundlich zu den Kindern, er sprach Französisch und nicht Schwäbisch. Besonders regte ihn ein berühmter Herr auf, der in der Nähe auf einer Insel wohnte und, wie der Prinz

mit erhobener Stimme beklagte, unsägliche Bücher verfasse: Monsieur Voltaire! Die Madame d'Aubionne, die den Prinzen begleitete, duftete wie ein Blumenbeet, und ihre Brüste hüpften, wenn sie lachte, im Dekolleté. Madame d'Aubionne eilte ihnen auch voraus zum Rathaus, in dessen großem Saal sie auftreten sollten. Er gefiel ihnen, mit der schlichten Stuckdecke und den hohen Fenstern. Eine kleine Gemeinde, eine Versammlung von Musikliebhabern, wartete auf sie, angeführt von Herrn Johann Rudolph Sinner, der sie hastig atmend bat, nur ein paar Takte auf den beiden Klavieren zu spielen, dann schob er verlegen ein Blatt auf den Notenhalter und bat Wolfgang um eine Probe seines Könnens.
Wenn der Herr das wünscht? Er spielte das Stück vom Blatt und setzte sogleich eine Variation nach.
Worauf Herr Sinner in die Hände klatschte: Da könne sich das Publikum auf das Konzert heute Abend aber freuen.
Danach handelte der Vater bei Herrn Sinner eine ordentliche Gage aus, 40 Sous pro zuhörendem Kopf. Die Köpfe reichten jedoch nicht. Am ersten Abend kamen nur siebzig Leute. Die Sensation sprach sich herum. Beim zweiten Konzert waren es dreimal so viel. Der Vater rechnete zufrieden ab. Vierzig mal zweihundertzehn.
Vor dem Konzert ging das Nannerl allen auf die Nerven, weil sie unbedingt das schöne Lyoner Kleid

anziehen wollte. Ich werde dem Prinzen Ludwig gefallen, sagte sie. Wenn das Nannerl schon so auftrete, fand Wolfgang, müsse er ebenfalls schön gewandet sein, nämlich in der lila Uniform, die ihm Maria Theresia geschenkt habe. Es brauchte lang, bis er Hosen und Jacke anhatte, ständig zerrten Vater und das Nannerl an ihm herum. Vor dem Spiegel verbeugte er sich. Wie ein Nobelmann! Es ärgerte ihn, dass ihm die Mutter die Perücke auf den Kopf stülpte. Die mag ich nicht! Mutwillig schob er sie sich bis auf die Augenbrauen.
Zum Fürchten schaust du aus! Nannerl fragte, ob sie ihm den Degen aus dem Schrank holen solle.
Wie soll ich mit diesem Stock Klavier spielen!
Das Nannerl ließ sich von den Herren Hiller und Tissot bewundern, während Wolfgang in der Marschallsuniform alle in Aufregung versetzte. Nein, nein, das sei unmöglich. So kann er nicht erscheinen, auf keinen Fall. Die Zweifel regneten auf ihn herab. Er duckte sich.
Aber es ist ein Geschenk der Kaiserin, versuchte das Nannerl ihm beizustehen.
Eine österreichische Marschallsuniform, flüsterte Herr Sinner, als fürchte er Lauscher. Das ist es ja, darum geht es! Der Prinz müsste sich vor diesem Kind verbeugen, weil es in einem höheren Rang auftritt. Als Feldmarschall, ich bitte Sie. Wie lächerlich. Ich bin nicht lächerlich. Wolfgang ließ sich auf das

Sofa fallen und streckte die Beine von sich. Ich mag aber das Geschenk meiner Kaiserin.
Es ist vernünftiger, du forderst den Prinzen nicht heraus.
Kann er Piano spielen?
Ich bitte dich, werde nicht vorlaut.
Er zog sich die Perücke vom Kopf und warf sie ins Zimmer. Fort mit dem Marschall. Und jetzt die Hose aus und den Arsch ins Freie halten!
Woferl!
Jaja.
Das Nannerl riss ihm die Jacke herunter und lupfte ihm das feine Hemd über den Kopf. Damast, sagte sie dabei.
Er drehte sich um sich selber, damit alle im Zimmer seinen Hintern sähen. Und wo ist die gewöhnliche Hos? fragte er mit weinerlicher Stimme. Fehlt sie? Ist sie verbrunzt vom letzten Konzert?
Nicht, nicht, flüsterte Nannerl.
Doch, doch.
Schau dich an! Der Vater schob ihn vor den Spiegel: Wolfgang Mozart! Der Virtuos! Die Leute im Zimmer lachten, hörten jedoch auf, als Wolfgang fortfuhr: Der weltberühmte Virtuos scheißt sich in die Hos.
Bitte, flehte das Nannerl.
Sie eilten in den Saal. Er verbeugte sich und fiel sofort über das Klavier her. Das Nannerl wartete. Aber

er spielte über sie hinweg, nämlich die Noten, die der Herr ihm vorher vorgelegt hatte, dieses schlichte Stückel. Piano, pianissimo. Sodass sie ihre Ohren spitzen mussten. Und er hörte nicht mehr auf mit Variationen, setzte eine nach der andern, bis das Nannerl ihn am Ende aufforderte, mit ihr zu spielen.
Das Publikum konnte sich gar nicht beruhigen. Sie applaudierten und stellten sich in einem Kreis um die Kinder, fassten sie an, streichelten sie, lauter Ungetüme. Genial! rief einer. Der Prinz sagte mit wohltönender Stimme: Das muss ihm mal einer nachmachen!

8

Er schläft, als sie in Salzburg ankommen. Er schläft, ins Eck der Kutsche gerutscht, den Kopf auf der Brust, die Hände gefaltet im Schoß, wie so oft unterwegs. Wir sind daheim, sagt der Vater laut, um ihn zu wecken, und das Nannerl stößt ihn mit dem Ellenbogen in die Seite.
Ja? fragt er.
Was heißt hier: Ja? lacht das Nannerl. Wir sind angekommen!
Sie sind angekommen. Hagenauers stehen Spalier, sie werden begrüßt und umarmt. Ihr riecht richtig nach Fremde, hört er.
Worauf er an seinem Ärmel schnuppert. Ich riech nach Gasthaus. Das könnte aber vielleicht auch Fremde sein.
Sie stürmen ins Haus. Die Mutter voraus. Die Kinder hinterher. Der Vater muss noch mit dem Kutscher verhandeln. Wolfgang besteht darauf, den Diwan im Zimmer in Beschlag nehmen zu dürfen. Ich bin saumüd.

Ich auch, erklärt das Nannerl.
Dann leg dich neben mich auf den Boden.
Mit dir verreis ich nie mehr.
Das wär mir auch lieber, denn ohne dich müsste ich überhaupt nicht verreisen. Der Vater verkauft uns nur zu zweit.
Du sagst alleweil schreckliche Sachen.
Er lacht, streckt sich auf dem Diwan aus.
Ich bitt dich, führ dich anständig auf.
Wie der Mozart, antwortet er und ärgert die Mutter.
Im Halbschlaf hört er den Vater von der Reise erzählen, und Hagenauer, der Vaters Briefe genau gelesen hat, redet mit ihm, als wäre er dabei gewesen.
»Der Bub«, hört er immer wieder, der Bub spielt in Vaters Reiseerzählungen eine Riesenrolle. Der Bub wird umjubelt, bewundert, gerühmt, manchmal bekommt das Nannerl von dem Glanz auch etwas ab. Sie sitzt mit am Tisch, weil sie es unterlassen hat, neben Wolfgang auf dem Boden zu liegen, und sagt kein Wort. Erst als der Vater auf das berühmteste Klavier Englands zu sprechen kommt, im Besitz von diesem Mister Sowieso, das der Woferl durch sein Spiel geadelt habe, fällt sie dem Vater ins Wort: Aber das bin ich gewesen! Und der Vater bestätigt sie nach einer kurzen Pause mit einem: Ja, das ist richtig.
Wolfgang hört zu, sie reden ihn in den Schlaf. Im Schlaf ist er weiter auf Reisen. Der Diwan unter ihm wiegt und schüttelt ihn, als fahre er mit ihm fort,

hinaus aus dem Zimmer, dem Haus, fort aus Salzburg und in einen wunderbaren Schlaf, in dem er niemanden reden hört, nur Musik, seine Musik.
Er hat der Königin von England Klaviersonaten gewidmet, sagt der Vater.
Spielt sie denn Klavier? fragt Hagenauer.
Sie wird es spielen lassen.
Der Bub schläft, stellt Hagenauer fest.
Ein Kind, sagt die Mutter leise.
Ich bin der Mozart, möchte er rufen. Aber er schläft lieber weiter.
In den kommenden Tagen bleibt der Vater verschwunden. Er tut Dienst bei Hofe, beim Fürsterzbischof Graf Schrattenbach. Abends flucht er wie ein Bolzen darüber, schrecklich ausgenützt zu werden. Immerhin gelingt es dem Vater, sich freizunehmen für die nächste Reise. Weil der Fürst krank und plötzlich menschenfreundlich geworden sei.
Nach Wien! Noch einmal nach Wien!
Obwohl die Mutter, kaum waren sie daheim, geschworen hatte, für ein ganzes Jahr in Salzburg bleiben zu wollen, die schrecklichen Anstrengungen zu vermeiden, lässt sie sich überreden, sie zu begleiten. Nach Wien, schon um der Kinder willen.

Die Post brachte sie erst bis Linz. Wolfgang freute sich auf einen Aufenthalt im Kloster Lambach, da der Prälat Schickmaier ihn bei jedem Besuch mit

köstlich gefüllten Buchteln und Schokolade beglückte. Dafür musste er sich produzieren. Der Prälat hielt ihn für ein »begnadetes Manndl«.
Mit ihnen reiste Madame Reifenstuel, eine Verwandte von Hagenauers, die angeregt mit Mutter über ihnen beiden bekannte Salzburger klatschte und, wenn sie nicht redete, Geräusche von sich gab, als säße ein Hühnchen in ihrer mageren Brust.
Als das Nannerl und er in einem Gastzimmer des Klosters sich schlafen legten, probierte er Frau Reifenstuels Brusttöne aus und erschreckte die Schwester.
Was ist mit dir? Bist du krank? Soll ich den Vater rufen?
Nein, nein. Ich hab das Reifenstuel'sche Schnarren.
Hat sie dich angesteckt?
Schon ein bissel, wenn sie so inwendig gackert. Er macht es, um das Nannerl zu beruhigen.
Man könnte glauben, sagte sie nachdenklich, du bist auf der Brust krank, du hast die Schwindsucht, so wie es in dir röchelt. Es ist schon schlimm mit dir, Woferl.
Sei halt lieb zu mir.
Im Kloster Melk fragte der Vater den Organisten, ob sein Sohn die Orgel spielen dürfe, und ärgerte sich, dass der Mönch keine Ahnung vom Ruhm Wolfgangs hatte. Und das will ein Musiker sein, schimpfte er.
Ich kenne ihn doch auch nicht, sagte Wolfgang.

In Wien hatte der Vater schon ein Quartier gefunden, nachdem er Briefe mit der Wirtin gewechselt hatte, mit der Freifrau von Audritzky.
Ihr werdets euch zu benehmen haben. Mit solchen Sätzen versuchte er die Kinder im Voraus zu bändigen.
Weihburggasse Stadt Nr. 938 war die Adresse und das Haus ein hübscher Palast, mit einer Menge von Zimmern und Bediensteten, doch im September schon feucht und ausgekühlt.
Frau von Audritzky gefiel Wolfgang auf den ersten Blick. Sie war hochgewachsen, und schweres, schwarzes Haar, das sie nur mit Mühe unter die Perücke stopfte, rahmte ihr großflächiges, bleiches Gesicht. So stellte er sich die Göttinnen vor, die in der Opera seria sangen. Gleich am ersten Abend bat sie ihn, ans Klavier zu gehen. Die schöne Frau beugte sich über ihn, lobte ihn: Welch eine Begabung, flüsterte sie, und er drückte seinen Hinterkopf gegen ihre weiche Brust.
Der Vater schickte Boten aus und empfing welche in der Hoffnung, in Schönbrunn wieder mit den Kindern auftreten zu können. Die allgemeine Stimmung half ihm nicht, denn der Hof trauerte. Franz I., der Gemahl von Maria Theresia, war überraschend gestorben, und Wien trauerte.
Sie gingen dennoch aus, besuchten eine Opera seria von Hasse, »Amore e Psiche«, und Wolfgang musste

seine Ansichten von Schönheiten zurechtrücken: Die Sängerin glich keineswegs Frau von Audritzky. Zum Ausgleich bekam er von Vater noch eine Opera buffa vorgesetzt, »Il marchese villano« von Galuppi. Sie vergnügte nicht besonders, er fand, er könnte eine gescheitere und komischere Musik komponieren.
Bald bist du so weit, versprach der Vater sich und ihm, der eine Reise nach Venedig und Mailand plante und sich in den nächsten Tagen über Hemden aufregte, über fehlende Hemden, denn der Diener und die Mutter hatten bloß drei Hemden eingepackt, und das reichte keineswegs für Empfänge und Konzerte. Drei Hemder, nur drei Hemder!
Wolfgang lief dem Vater hinterher, äffte sein Leidwesen nach und sang, wie er ankündigte, das Hemdenlied: Drei Hemder hab ich bloß, drei Hemder für die Reise, ich bräuchte sieben mehr, dann wären es zehne. Zehn Hemder brauch ich für den König von Venedig. Zehn Hemder für die Reise nach Italien. Der Vater hielt sich die Ohren zu: Schluss jetzt! Es reicht!
Mit den Späßen war es auch bald zu Ende. Als Gerücht näherte sich ihnen eine Bedrohung. Sie änderte Vaters Pläne und schickte die Mutter nach Hause, nach Salzburg.
Die Blattern, hieß es, eroberten Wien. Nicht die gewöhnlichen, sondern die Kinderblattern, gefährlich wie die Pest, die Cholera. Die Tochter Maria There-

sias, Erzherzogin Maria Josepha, zu deren Hochzeit mit dem König von Neapel der Vater Wolfgang und das Nannerl vorführen und auftreten lassen wollte, hatte sich die Blattern geholt, und zwar nach einem zweistündigen Besuch in der Kapuzinergruft, wo sie und ihre Mutter, diese beiden Betschwestern, wie der Vater ohne jeden Respekt sagte, von dem üblen Geruch angegriffen wurden und die junge Frau Fieber bekam.

Ich werde Ihnen schreiben, Mama, versprach Wolfgang, als die Mutter abreiste. Sie tröstete ihn. Es sei gescheit, vor den Blattern zu fliehen, wie es der Vater vorhat, und der Hagenauer werde ihr die Briefe von Leopold wie immer vorlesen.

Sie begleiteten die Mutter zur Kutsche, der Diener wird mit ihr reisen. Der Vater schaute sich ständig um, als bewegten sich bereits die Blattern schwarz und grauslich durch die Luft.

Die Prinzessin starb. Die Stadt trauerte mit der Kaiserin. Der neblige Oktober sorgte dafür, dass sie froren und der Vater immer wieder den Süden als Reiseziel ausmalte, Palmen und warmer Wind, Sonne und noble Konzertsäle.

Sechs Wochen lang, hieß es, sollen die Theater geschlossen bleiben.

Plötzlich brachen auch bei den Kindern im Haus die Blattern aus. Der Vater beschloss, sie sollten dieser Pest nicht nach dem Süden, sondern nach dem Nor-

den ausweichen. Von zehn Kindern, die an Blattern erkrankten, starben neun.
Als sie aufbrechen wollten, nach Brünn, nach Mähren, durften sie es nicht. Die Postkutschen bewegten sich nicht, solange die Prinzessin nicht beerdigt war. Es könnte sein, dachte er, die Blattern sind auch schon bei mir angekommen. Er versuchte, in der Kutsche zu schlafen und den Vater nicht aufzuregen. Der wusste, wohin sie sollten, hatte sich schon vor den Blattern in Brünn angemeldet, beim Bruder des Salzburger Fürsterzbischofs, dem Grafen von Schrattenbach. Er hatte hellsichtig geplant.
Der Graf empfing sie mit seiner Cousine, der Gräfin von Eberstein, und sie waren gleich bei der Sache: Die Kinder könnten ein Konzert geben.
Von der Musik wechselte die Unterhaltung auf die Blattern, und Wolfgang, der auf einem zu hohen Stuhl saß, wurden die Beine so schwer, dass er fürchtete, vornüberzukippen.
Sie hatten noch keine Unterkunft. Der Graf hatte ihnen keine angeboten oder vorgeschlagen. Wolfgang lief dem Vater hinterher, auf die Gasse, spürte seine Unruh, seine Sorge, starrte auf den breiten Rücken und wartete auf eine Entscheidung. Er hatte es sich angewöhnt, wenn alles durcheinanderging, den erlösenden väterlichen Satz abzuwarten. Plötzlich nickte der Vater, er nickte sich aufmunternd zu. Wolfgang flüsterte, hinter ihm herlaufend: Jetzt! Er hörte den

Vater sagen: Nach Olmütz! Von Olmütz wusste Wolfgang, dass es eine schöne Stadt mit einem feinen Theater, einem mächtigen Dom und einem Bischof sei.
Wie fühlst du dich? fragte der Vater unterwegs alle Viertelstunde. Das Nannerl saß neben Wolfgang und hielt seine Hand. Sie schwitzte mehr als er. In Wischau hielt der Kutscher zur Mittagszeit vor einem Wirtshaus und verabschiedete sich mit dem Wagen. Er müsse unverzüglich zum Schmied, das linke Vorderrad richten lassen. Sie hätten genügend Zeit, genügend zu essen. Er lachte über seinen Wortwitz, aber ihnen war nicht nach Essen zumute. Nichts schmeckte ihnen, auch nicht dem Vater, der immer wieder aufsprang, zur Tür lief und nachsah, ob der Wagen schon vorgefahren sei. Wolfgang und Nannerl setzten sich auf eine Bank, lehnten sich gegeneinander und schliefen, bis der Vater sie weckte.
Die Reise wurde fortgesetzt. Wir haben genügend Zeit gehabt, genügend auszuschlafen, sagte Wolfgang. Das Nannerl zwickte ihn dankbar in den Arm.
Der Vater redete mit sich selber, um ihnen die Lage und seine Sorgen zu erklären: Das Konzert in Brünn können wir nachholen, sagte er in den Wagen hinein, in dem es immer dunkler wurde, Hauptsache, sagte er, wir kommen davon und bleiben gesund.
Wolfgang, der mit einem Ohr zuhörte, dachte: Ich werde dem Vater keine Freud machen. Weil ich schon nicht mehr richtig gesund bin.

Als das Nannerl wieder nach seiner Hand fasste, stellte sie erschrocken fest: Der Woferl feuert bis in die Fingerspitzen.
Jesus, murmelte der Vater und bat den Kutscher, die Rösser anzutreiben: Ich bitt Sie, meinem Sohn geht es nicht gut.
Sie stiegen im »Schwarzen Adler« ab, der dem Vater in Brünn empfohlen worden war.
Und es gab auch gleich ein Theater.
Das Nannerl hielt ihren Bruder untergefasst, während der Vater das Zimmer inspizierte, mit der flachen Hand über die Tapeten strich, niederkniete, unter den Schrank und unter die Betten spähte, in die Betten hineinfasste: Es ist zu feucht hier. Das ist nicht gut für den Buben. Bleibts, bis ich wiederkomme, befahl er und stürzte aus dem Zimmer.
Wolfgang drückte sich ans Nannerl. Oi, du musst ein Fieber haben, stellte sie fest.
Der Vater hatte durchgesetzt, dass sie ein trockenes Zimmer bekamen. Der Wirt begleitete ihn und musterte Wolfgang und Nannerl wie seltene Tiere in einer Menagerie: Also das sind die berühmten Mozart-Kinder.
Und ich bin der Vater dazu. Der Vater stellte sich hinter sie. Wolfgang schämte sich für ihn. Wenn die Leute wüssten, was der Vater konnte und wusste.
Er bat den Wirt um heißes Wasser, nötigte Wolfgang, das Schwarze Arzneipulver zu schlucken, und ver-

schwand von neuem: Schlaf, Bub. Das Nannerl wird dich hüten.
Er schwitzte, und seine Gedanken klebten schweißig zusammen. So schlief er ein. Er merkte noch, dass der Vater ein Fell über ihn ausbreitete, einen Pelz, der ihm anwuchs.
Dann war der Vater wieder da. Er ging und kam die ganze Nacht. Trat ein, trat aus. Streichelte ihn, redete auf ihn ein: Buberl, du musst uns gesund werden! Gab ihm auf einem Löffel abwechselnd Markgrafenpulver und Schwarzpulver.
Er träumte von der Kaiserin, die neben ihm an einem Klavier saß und ihm auftrug, sofort ein Stückerl für vier Hände zu komponieren. Lass dir etwas einfallen, Bub, rief sie und legte ihm eine riesige Kaiserinnenhand um den Hals, einen furchtbaren Schal aus Fingern. Es fiel ihm nichts ein, überhaupt nichts, bis der Vater von neuem erschien, ihm ein kühles, nasses Tuch auf die Stirn legte, und der Wirt auf einmal dem Vater glich, sodass zwei Väter an seinem Bett wachten. Vor seine Augen schob sich ein milchiges Licht. Ich kann nichts mehr sehen, klagte er. Bald wird ein Doktor nach dir schauen, versprach der Vater, der redete wie Metastasio, nur wusste Wolfgang nicht, wieso er auf Metastasio kam.
Könnte er uns besuchen, fragte er.
Wer?

Metastasio.
Wie kommst du auf ihn?
Er ist auf mich gekommen, murmelte er.
Das Nannerl saß auf dem Bettrand, wechselte das heiß gewordene Tuch mit einem kühlen, sagte: Du wirst gesund, Woferl, ich schwör dir's.
Er ist schwer, wie ein Klumpen Dreck.
Guten Morgen, junger Herr, sagte eine Stimme, die er noch nicht kannte.
Es ist der Doktor, erklärte der Vater.
Der Doktor wälzte ihn auf den Bauch, legte seinen schweren und steinharten Kopf auf Wolfgangs Rücken, redete ihm in die Haut: Ich bitte dich, atme.
Ich kann nicht, sagte er.
Versuch's, forderte der Vater.
Er stöhnte.
Der Arzt rieb seinen Kopf an Wolfgangs Schulter: Gut, gut. Es sind wohl die Blattern. Mit dieser Diagnose beendete er seine Untersuchung.
Jesus, seufzte der Vater.
Aber er wird wieder gesund? hörte er das Nannerl fragen.
Pass nur auf, dass du nicht auch krank wirst, antwortete ihr der Arzt.
Die Nacht hatte lang gedauert. Sie war ein schwarzer, warmer Tunnel, durch den ihn eine unsichtbare Kraft zog.

Wir ziehen um! Der Vater stand mit hängenden Armen neben dem Bett, das Nannerl stopfte wie wild Sachen in den Reisekorb. Wir ziehen um!
Dafür habe ich Verständnis, sagte der Wirt salbungsvoll. Den Bub wird bei seiner Exzellenz eine bessere Pflege erwarten.
Ihn erwartete also eine Pflege und eine Exzellenz. Womöglich hatte der Vater gleich wieder ein Konzert verabredet.
Der jedoch gab Befehle rundum, ließ einen Bediensteten und den Wirt das Gepäck hinuntertragen, verlangte von Nannerl, dass sie nachschaue, ob nichts liegengeblieben sei, und wickelte den Wolfgang in ein Fell, nahm ihn auf die Arme und schaukelte ihn hinunter vor die Tür, bettete ihn auf dic Bank einer noblen Kutsche. Erinnerst du dich an den Grafen Podstatsky? fragte er.
Wie soll er sich an den Grafen erinnern? Er ist noch nie in Olmütz gewesen.
Der Graf war Domherr bei uns in Salzburg und ist nun in dieser Position in Olmütz. Ich habe ihn besucht, heut Morgen, und er hat uns drei großherzig zu sich in die Domdechantei eingeladen, dort seien wir ersprießlicher untergebracht als im Wirtshaus.
Der Vater redete und redete.
Ich bin müd, sagte Wolfgang.
Er ist müd, wiederholte das Nannerl und ärgerte den Vater: Das ist mir auch schon aufgefallen, Mädel.

Er kroch in das Fell, es könnte ihm anwachsen, wie in der Nacht. Ich werde ein Viech, murmelte er.
Ob er etwas wünsche, ob ihm etwas wehtue? fragte der Vater.
Nein, nein.
Der Graf Podstatsky sei ein Wohltäter, hörte er den Vater.
Er wurde die breite Stiege hochgetragen.
Zwei Zimmer haben wir für uns, sagte das Nannerl. Und extra einen Doktor für dich. Regelmäßig bekam er das Schwarze Pulver und musste Skabiosentee trinken. Der schmeckte nach Krankheit. Hin und wieder besuchten ihn Leute, die er nicht kannte. Und so regelmäßig, wie er das Schwarze Pulver einnehmen musste, erschien der Wohltäter, Graf Podstatsky. Sein großer, kantiger Kopf schwebte über ihm und begleitete ihn tief in die Träume hinein, redete so wie der Vater, befahl ihm, eine Opera buffa zu komponieren, was ihn schrecklich anstrengte, weil ihm das Papier fehlte und er immer die Notenlinien ziehen musste. Ich bitte dich, das wirst du doch zustande bringen.
Die Hitze verließ ihn nach einer guten Woche. Er musste sich aus dem Pelz schälen, weil er nicht mehr fieberte und ohne Grund schwitzte. Als er um ein Glas Wasser bat und erklärte, dass er Hunger habe, brach der Vater neben dem hochbeinigen Bett in die Knie und dankte seinem Gott. Der Hausmeister des Grafen, Herr Thomas, servierte in einem Schüssel-

chen eine köstliche Brühe, die Wolfgang mit einem solchen Heißhunger löffelte, dass sie ihm übers Kinn und auf das Hemd tröpfelte.
Du bist ein Schweinderl. Das Nannerl nahm ihm den Löffel ab und fütterte ihn.
Er rutschte über den Bettrand, wurde angezogen, ging durchs Zimmer – es schwindelte ihn.
Er werde sich bald wieder kräftigen, versprach der Arzt des Grafen, wenn er sich nur bewege.
Er ging mit dem Grafen in dem kleinen Garten spazieren, durch das Tor der Dechantei hinaus auf den großen Platz vor dem Dom und der Kapelle mit dem Kuppeldach. Der November beschenkte ihn mit einer wärmenden Sonne, und der Graf nannte ihn einen Glückspilz. Er führte ihn durch die Dechantei, durch sein Amts- und Empfangszimmer, hübsche Säle, die aber nicht für Konzerte taugten, dafür gab es einen weiteren Saal, den der Graf merkwürdigerweise das Musikzimmer nannte, in dem stand ein Klavier. Vor ihm hielten sie an, und als seien sie gerufen worden, standen plötzlich der Vater und das Nannerl in der Tür, erwartungsvoll, und der Graf fragte mit einem Zögern in der Stimme: Möchtest du?
Er zog sich den Schemel an das Instrument, legte die Hände auf die Klaviatur, sie kamen ihm wie die eines anderen vor, dünn und knochig. Weil sie gar nicht zu ihm passten, konnten sie mit einem Mal eine Septime greifen. Der Vater und die Schwester traten hinter

das Klavier, in seinem Rücken wartete sein Wohltäter. Er spielte. Er spielte eine von den sechs Sonaten, die er Königin Charlotte in London zugeeignet hatte. Jetzt! Verlernt hatte er nichts. Der Vater war zufrieden. Bravo! Der Graf klatschte in die Hände, und das Nannerl umhalste ihn.
Sie war heiß, diese Hitze kannte er: Das Nannerl fiebert.
Mit diesen drei Wörtern setzte er den Vater in Bewegung. Er riss das Mädchen an sich. Das kann doch nicht sein. Lass fühlen. Er strich ihr mit breiter, ungeduldiger Hand über das Gesicht. Jaja, sagte er zum Grafen, der sich besorgt ihnen zuwandte. Jaja, der Woferl hat recht, das Mädel ist heiß. Das wird sich nun wiederholen. Sie hat die Blattern.
Einmal in Holland hätte sie sterben können. Die Eltern hatten einen Priester zur Letzten Ölung gerufen. Dieses Mal wäre er nicht nötig, denn der Graf selber ist ein Priester. Nun brachte er mit dem Vater das Nannerl zu Bett, sie kicherte und hielt sich die Hand vor den Mund. Der Graf schickte den Hausmeister zum Doktor, der kam gleich, verordnete wieder das Schwarze Pulver und den Skabiosentee, den Wolfgang, kaum hatte der Doktor das Wort ausgesprochen, auf der Zunge schmeckte, sodass es ihm übel wurde.
Der Graf hat eine Nonne zu Nannerl gebeten. Sie sollte aufpassen, ob die roten Blattern auf der Stirn

und am Hals erscheinen und dass das Kind nicht unerlaubt sein Bett verlasse.
Wolfgang und den Vater lud er zum Abendessen ein, und ehe sie ins Parterre in das Saalettl gingen, blieb Wolfgang vor einem Spiegel stehen. Er war angekleidet wie zum Konzert. Servus, sagte er zu sich im Spiegel und ging ganz nah an sich heran. Er musterte sich, schnitt Grimassen. Die sonst eher dünne Nase war geschwollen, und übers Gesicht zogen sich anstatt der roten Blattern lauter winzige Narben, wie Knoten in einem Netz. Er drückte die Stirn gegen das kalte Glas. Der Vater zog ihn am Arm.
Ich schau ja dem Mayerl gleich, sagte er. Er meint den blatternarbigen Violinisten von der Hofkapelle. Schiach bin i.
In den kommenden Tagen gab ihm der Vater, den die Krankheit Nannerls anstrengte und in Anspruch nahm, frei. Er dürfe sich die Stadt anschauen. Was er in Begleitung von Herrn Thomas tat. Ihm öffneten sich Türen und Tore, vor denen er sonst ungebeten und unerwünscht gestanden hätte. An der Hand von Herrn Thomas wanderte er durch die Gänge in der Bischofsresidenz.
Sehr schön, sehr nobel, sagte er, so wie er es gelernt hatte.
Besonders gern hielt er sich auf dem Platz vor der Dechantei und dem Dom auf, setzte sich ins Gras, rannte Achter, sang, was ihm einfiel, und lief manch-

mal durch das Tor, den Garten, die breite Treppe hoch zum Klavier, um zu spielen. Um den Quintus zu rufen.
Der kam nicht mehr. Er quoll nicht mehr, zart und beweglich, zwischen zwei Tasten auf. Er war verschwunden. Er war ihm während der Krankheit verloren gegangen. Er hörte nicht auf Wolfgang, der eine Quinte nach der andern anschlug.
Komm! flehte er. Ich brauche dich. Warum versteckst du dich? Gibt es dich nicht mehr?
Es gibt ihn nicht mehr, sagte er sich, nachdem er lange mit sich von Quintus gesprochen hatte.

Die Krankheit hatte ihn einer wunderbaren Kraft beraubt. Nie mehr würde er mit seinen Gedanken Leute ärgern und bestrafen können. Nie mehr würde er Bösewichtern, Blödianen und falschen Tanten den Quintus auf den Leib und unter die Perücke senden können. Aus.
Nach einem Spaziergang hatte der Graf ihm dafür eine Erklärung gegeben: Jetzt, Wolfgang, wirst du anders komponieren. Du bist mit dem Leben beschenkt worden. Dir wird eine Musik einfallen, die Himmel und Erde verbindet.
Der Vater hatte während seiner und auch während der Krankheit von Nannerl Messen in Salzburg lesen lassen. Was, fand Wolfgang, einer Letzten Ölung nahekam.

Der Wohltäter lud sie ein, noch eine Weile in der Domdechantei zu bleiben, unterstützte aber den Vater in seinen Planungen, schrieb an die Freunde in Brünn, regte seinen Arzt an, mit einem Kollegen in Wien Kontakt aufzunehmen, aus Vorsorge, falls die Kinder wieder krank würden. Dieser Doktor Mesmer war, wie der Vater wusste, berühmt als Heiler und als Förderer der Künste. Von ihm kam mit Boten ein Büchlein, das sich als Unterlage für ein Singspiel eigne, eine Anregung für den begabten Buben, »Bastien und Bastienne«, ein Stück für drei Personen, ein Liebesspiel mit Zauberer. Das Nannerl las ihm vor, mit Ausdruck. Sie saß auf einem Stuhl, der viel zu hoch für sie war; er am Klavier:

»Mein liebster Freund hat mich verlassen«, las sie.

»Mit ihm ist Schlaf und Ruh dahin.

Ich weiß vor Leid mich nicht zu fassen ...«

Ihm fiel ein Thema für das Vorspiel ein, in G-Dur. Er spielte es an, hörte ihr weiter zu, sang gelegentlich mit, bis sie zur Zauberarie von Colas, dem Magier, kam:

»diggi, daggi

schurry, murry,

horum, harum,

lirum, larum,

raudi, maudi

giri, gari,

posito,

besti, basti,
saron froh,
fatto, matto,
quid pro quo.«
Er wackelte mit dem Kopf hin und her, wiederholte, als sie zu Ende war: »diggi, daggi, schurry, murry«, und fragte, ob das wirklich so da stehe. Er lachte. Das Nannerl antwortete mit einem Lachen: Ja, da kannst du deine Musik dazu erfinden. Das wird dir nicht schwerfallen.
Er hörte schon den Zauberer, in c-Moll!
Er und das Nannerl verabschiedeten sich mit einem Konzert. Die Gäste des Domdechanten applaudierten. Wolfgang wurde, wie immer, ausgefragt, musste von seinen Reisen erzählen. Auf einmal wurde er sehr müde, taumelte hin und her; der Graf trug ihn hoch ins Zimmer, öffnete das Fenster, holte tief Atem und forderte Wolfgang auf, es ihm nachzutun: Das klärt den Kopf und die Seele. Er beugte sich hinaus und fuhr fort: Ich könnte mir denken, dass, wenn wir beide nicht mehr sein werden, eine Tafel unten an der Mauer angebracht wird, auf der steht, dass du, der Wolfgang Mozart, an Blattern erkrankt, Gast des Domherrn gewesen bist.
Na-na-na-naaa, sagte Wolfgang in die Finsternis.
Sein Wohltäter wusste ihm entsprechend zu antworten: Do-do-do-doooch.

9

Vor mehr als einem halben Jahrhundert begann ich, Olmütz, die Stadt, in die wir meinem Vater gefolgt waren, zu erkunden. Es kam mir vor, als sei sie für mich erdacht worden. Hinter den prächtigen Fassaden musste es Geheimnisse geben, Menschen, die in märchenhaften Geschichten steckten. In einem der mächtigen Paläste solle, wurde mir erzählt, ein Bischof wohnen, und in der Kapelle am Eck führte man mir Werkzeuge vor, mit denen vor Jahrhunderten gefoltert wurde, zum Beispiel der Konstrukteur der Kunstuhr am Rathaus, dem die Augen ausgebrannt wurden, damit er nicht noch eine solche Wunderuhr baue. Am Domberg machte ich halt, traute mich nicht in die große Kirche, setzte mich auf die Bank unter dem Nussbaum und entdeckte eine Tafel an der Mauer: HIER IST 1767 DER ELFJÄHRIGE WOLFGANG AMADEUS MOZART, ALS ER AN POCKEN ERKRANKT WAR, GAST DES DOMHERRN LEOPOLD ANTON GRAF PODSTATSKY-LIECHTENSTEIN GEWESEN. Fast jeden Tag habe ich den Ort besucht, das Schild gelesen, als bestätige es mir den guten Geist meiner Stadt.